KB218479

매일 복음 묵상 1

로마서 365

로마서 365

매일 복음 묵상 1

초판 1쇄 발행 2023년 12월 21일
초판 2쇄 발행 2024년 11월 19일

지은이	김석년
발행인	강영란
사업총괄	이진호

발행처	샘솟는기쁨
출판등록	제 2019-000050 호
주소	서울시 중구 수표로2길 9 예림빌딩 402 (04554)
대표전화	02-517-2045
팩스(주문)	02-517-5125
홈페이지	https://blog.naver.com/feelwithcom
전자우편	atfeel@hanmail.net

편집	박관용 권지연
본문 그림	윤정선
마케팅	이진호
디자인	트리니티
제작	아이캔
물류	신영북스

ⓒ 김석년, 2024
979-11-92794-30-3 (04230)
979-11-92794-29-7(세트) (04230)

로마서

365

매일 복음 묵상 1

김석년 지음

샘솟는
기쁨

이 땅에 푸르고 푸른 하나님 나라를 세우기 위해
절대 믿음으로 교회 개척의 길을 걷고 있는
모든 패스브레이커에게 이 책을 드립니다.

날마다 복음의 길, 로마서 365

로마서는 보배 중의 보배입니다. 로마서는 보석이기에 그 가치를 아는 사람만이 보석을 더욱 빛나게 할 수 있습니다. 로마서의 능력과 가치와 무게와 영광을 아는 저자는 로마서 전체를 구속의 드라마 관점에서 누구나 이해할 수 있는 쉬운 언어로 풀었습니다. 저자의 글은 쉽게 읽을 수 있지만 함축된 의미가 깊습니다. 탁월한 예술은 덜어 낼 것을 모두 덜어 내듯이 저자의 글은 더 이상 덜어 낼 것이 없습니다.

이 책은 천천히 기도하는 마음으로 읽어야 합니다. 아침에 읽은 로마서 묵상을 하루 종일 곱씹으면 좋습니다.

거듭 방문해서 묵상해야 합니다. 저자는 로마서를 통해 성경 전체를 보여 주며, 성경 전체가 스며든 로마서를 통해 복음을 보여 줍니다. 우리 구주 예수 그리스도를 보여 줍니다. 이 책은 저자의 오랜 세월 농축된 연구와 묵상이 함께 녹아들어 있습니다.

또한 로마서에 담긴 복음을 전해 주기 위해 성서신학과 조직신학과 기독교윤리학을 함께 연결시켰습니다. 깊이 있는 영성가들의 글과 주옥같은 인용문을 아낌없이 선물해 줍니다. 몰래 감추어 두고 혼자만 읽고 싶은 글들이 담겨 있습니다. 익숙한 것은 낯설게 표현해 주고, 낯선 것은 익숙한 언어로 표현해 줍니다. 책을 읽는 중에 감동과 울림, 깨달음과 영감을 함께 경험했습니다.

이 책을 로마서를 깊이 이해하고 묵상하고 싶은 분들에게, 하루를 말씀과 함께 시작해서 말씀과 함께 마감하기 원하는 분들에게, 로마서를 설교하고 가르치기 원하는 사역자들에게 추천합니다. 복음의 진수를 이해하고, 예수님의 은혜와 사랑을 갈망하는 분들에게 추천합니다.

강준민 | LA새생명비전교회 담임목사

로마서는 책의 성격상 접근하기 쉽지 않다. 서술 방식이 논리적이고 논문적이기에 더욱 그렇다. 그런데 김석년 목사님의『로마서 365』는 독특한 구성으로 접근하기 쉽도록 서술되었다. 매일 한 장씩 읽어 가면서 공부하기 쉽게 구성이 되었고, 특별히 딱딱한 문체를 피해서 인문학적인 요소를 담아 이해하기 쉽게 기록되었다. 무엇보다 200여 편의 고전을 통해 이해를 시도한 것이 매우 독특하다. 모든 독자들에게 편안한 접근 방식을 통해서 '인간의 삶과 역사가 왜 하나님의 스토리인가'를 설득할 수 있는 책이다. 내용 또한 탄탄한 개혁주의 신학을 바탕으로 교단을 초월해서 사용할 수 있는 책이면서 동시에 가정 예배의 수단으로 활용하기에 적합하다. 모든 목회자들과 성도들에게 일독을 권한다.

송태근 | 삼일교회 담임목사

젊은 시절부터 탁월한 영성과 시적 감각이 충만한 사랑하는 김석년 목사님이 기도와 성령의 인도하심 속에『로마서 365』를 집필하셨다. 로마서는 성경에서 가장 탁월한 하나님 말씀이고, 가장 온전한 복음이다. 이 책은 로마서를 담아내기에 손색이 없는 놀라운 작품이다.

하나, 로마서 16장 433절을 365일 묵상의 글로 엮었다는 것이 놀랍다. 둘, 로마서를 성경 전체가 스며든 복음으로 드러내면서 동시에 각 절에서 예수께 집중하는 것이 놀랍다. 셋, 로마서를 문학, 미술 등 인문학적으로 접근하고 해석하는 창의력과 참신함이 놀랍다. 넷, 각 장마다 서론 또는 결론에 인용하는 글을 보며 그의 폭넓고 깊은 독서 세계가 놀랍다. 다섯, 단순한 이론이나 묵상이 아닌, 하나님과의 동행으로 인도한다는 것이 놀랍다.

『로마서 365』를 읽고 묵상하므로, 우리는 복음의 비밀과 능력을 더욱더 확실하게 체험하게 된다. 동시에 인문학적 감성과 지성, 영성의 깊은 세계를 맛보며, 날마다 하나님과 동행하는 한 번에 네 가지 축복을 누리게 된다. 이 책 출판의 기쁨을 나누고 축하하며 기꺼이 이 땅의 성도들에게 추천한다.

용혜원 | 시인

『로마서 365』는 날마다 우리 영혼을 살리는 따뜻한 밥이며 한국 교회를 교회답게 하는 밥상이다. 매일 밥 한 공

기 분량의 말씀을 꼭꼭 씹어 묵상함으로 영성 생활을 일
상생활로 살아갈 수 있게 되기를 기도한다. 『로마서 365』
로 가정마다 매일 밥을 퍼 나누어 가정 교회와 미자립 교
회와 농어촌 교회도 과연 그 교회, 바로 그 교회가 되기를
간구한다. 그리스도의 몸 된 교회마다 하나님을 기쁘시게
하고, 이웃을 행복하게 하며, 세상을 아름답게 만드는 일
용할 양식이 되기를 축복하면서, 날마다 정독하고 묵상하
여 하나님과 동행하기를 온 맘 다해 추천한다.

최일도 | 다일공동체 대표

　저자는 끊임없이 생명으로의 변화를 시도했다. 그의
평생의 일관된 화두는 '길'이었다. 그는 패스브레이커로
서 '길이 없으면 길을 만들어 간다. 거기서부터 희망이다'
라는 믿음으로 길을 열었다. 40대는 '바로 그 교회'의 꿈
을 안고 교회 개척의 길을 열었다. 50대는 한국 교회를 가
슴에 안고 작은 교회와 목회자를 세우는 길을 열었다. 60
대는 그 자신이 하나님과 동행하고자 하는 열망으로 쉬지
않는 기도의 길을 열었다.

　세월이 흘러 저자는 모든 길이 오직 복음으로 시작되

고, 복음으로 이어지며, 복음으로 완수된다는 사실을 친히 터득·체득한 듯하다. 그리하여 진력하여 '진정한 복음'인 로마서를 매일 묵상집으로 집필하였다. 쉽게 읽혀지지만 심오함이 있고, 진한 감동이 있다. 새롭게 복음이 깨달아지는 신선한 충격이 있다. 서둘러 단번에 다 읽고 싶은 신비한 매력이 있다. 무엇보다 나를 매일 아침, 다시 하나님과 동행하도록 각성케 하는 능력이 있다. 저자는 『로마서 365』, 매일 복음 묵상집으로 한국 교회뿐 아니라 세계 교회에 하나님과 동행하는 또 하나의 영성의 길을 연 것이다.

저자 김석년 목사님을 만난 것은 내 인생 큰 축복이었다. 지난 30여 년간 제자로서 목사님을 보좌하고 섬길 수 있었던 것은 더없는 행운이었다. 이에 진심으로 감사하고 축하드리며, 우리 모두 매일 로마서 묵상을 통해 주님과 동행하는 은혜와 기쁨을 누리기를 기대하고 기도하는 바이다.

최재성 | 서초교회 담임목사

매일 복음 묵상으로의 초대

"로마서는 신약성서 가운데서 참으로 주요한 부분이며 가장 순수한 복음이다. 이것은 마땅히 모든 크리스천이 (중략) 영혼의 양식으로 날마다 사용하지 않으면 안 될 것이다." 마틴 루터, 로마서에 붙인 서문

살리는 로마서

세상에서 가장 위대한 일은 '살리는 일'이다. 사람을 살리고, 교회를 살리고, 역사를 살리는 일, 이보다 더 숭고하고 위대한 일은 없다. 놀랍게도 로마서는 역사상 숱한

사람을 살렸다. 로마서를 통해 회심하거나 살아난 대표적인 사람을 몇 든다면 성 어거스틴, 마틴 루터, 장 칼뱅, 존 웨슬리, 칼 바르트 등이 있다.

성 어거스틴은 로마서 13장 13~14절을 읽고 회심하여 기독교 사상의 근간을 집대성했다. 마틴 루터는 로마서 1장 17절을 통해 인간 실존의 고민을 해결하고, 종교개혁의 깃발을 높이 들었다. 장 칼뱅은 『로마서 주석』을 저술하여 교회 개혁의 핵심 이론을 제시하고 완성했다. 존 웨슬리는 루터의 로마서 서문을 듣고 회심하여 세기적 전도자가 되었고 교회뿐 아니라 사회적 성화(聖化) 운동의 선두가 되었다. 칼 바르트는 『로마서 강해』를 저술하여 당시의 인간 중심 신학을 하나님 중심 신학으로 옮겨 놓은 데 결정적 공헌을 했다. 이런 로마서는 인간 변혁, 교회 개혁, 시대 갱신의 책이 되어 오늘 우리는 물론이요 앞으로도 끊임없이 '살리는 역사'를 일으킬 것이다.

로마서가 이와 같은 역사를 일으키는 이유는 무엇일까? 루터의 말대로 "가장 순수한 복음"이기 때문이다. 성경의 주제는 예수 그리스도다. 그리스도를 역사적으로 증거하고 있는 책은 복음서이다. 그리고 그 예수의 복음을 논리적으로 설명하는 책이 로마서이다. 인간이 어떻게 구원받는지(구원의 길), 구원받은 자는 어떻게 살아야 하는지(성화의 길)를 가르쳐 주고 있다. 곧 믿음으로 구원받고, 믿음으로 사는 '오직 은혜, 오직 믿음'의 과정을 논리정연하게 설명하고 있는 것이다. 그리하여 로마서를 가난한 마음으로 읽고 묵상하는 자는 누구든 복음의 능력으로 인하여 구원을 얻는다.

"내가 복음을 부끄러워하지 아니하노니 이 복음은 모든 믿는 자에게 구원을 주시는 하나님의 능력이 됨이라 먼저는 유대인에게요 그리고 헬라인에게로다"(롬 1:16)

가장 좋은 것

로마서가 말하는 복음은 믿는 자의 삶으로 이어진다. 곧 '하나님과 동행'하는 것이다. 일찍이 그리스도께서는 믿음으로 사는 제자들에게 동행을 약속하셨다(마 28:20, 요 14:16). 크리스천으로서 하나님과 동행하는 것보다 더 좋은 것은 없다. 하나님과 동행하면 날마다 넘치는 주님의 사랑을 누리면서(롬 5:5), 하늘에 속한 모든 신령한 복(엡 1:3)을 누릴 수 있다. 그래서 존 웨슬리는 말한다.

"세상에서 가장 좋은 것은 하나님께서 우리와 함께하신다는 사실이다."

문제는 연약한 우리가 어떻게 날마다 하나님과 동행하느냐이다. 하나님과의 동행은 두 가지로 가능하다. 매일 말씀을 체득하는 것과 쉬지 않고 기도하는 것이다. 매일 말씀 묵상이 동행의 기초라고 한다면, 쉬지 않는 기도는 동행의 방법이라고 할 수 있다. 매일 말씀을 묵상할 때 우리는 하나님과 동행하며 오늘 어떻게 살아야 하는지 알게 된다. 쉬지 않고 기도할 때 우리는 일상에서 실제로 하나님과의 동행을 누릴 수 있다. 매일 말씀 묵상이 동행의 '각성화 작업'이라고 한다면, 쉬지 않는 기도는 동행의 '실제화 작업'이다.

로마서 묵상의 행복

가장 좋은 것, 동행의 행복을 누리려면 먼저 365일 말씀 묵상이 체득되어야 한다. 그중에서도 특히 로마서, 가장 순수한 복음 말씀을 가지고 하루하루 묵상해 나간다는 것은 무척 의미 있고 감격스러운 일이 될 것이다. 『로마서 365』로 매일 말씀을 꾸준히 묵상할 때 다음과 같은 은혜가 있을 것이다.

내가 죄인임을 깨닫고 가난한 마음을 소유한다(2장). 십자가 속량의 복음을 깨닫고 오직 은혜, 오직 믿음으로 산다(3장). 오직 믿음, 더욱 굳센 믿음을 갖는다(4장). 넘치는 하나님의 사랑을 깨닫고 누리는 인생을 산다(5장). 나는 십자가에 죽고 그리스도와 연합하는 믿음을 갖는다(6장). 인간 실존을 깨닫고 더욱 하나님을 갈망한다(7장).

성령님과 함께 승리의 삶을 산다(8장). 세상 구원을 향한 비전을 품는다(9장). 하나님의 구원 계획과 이스라엘을 향한 경륜을 깨닫는다(10장). 하나님의 구원 계획에 따른 세계 선교에 대한 사명을 갖는다(11장). 구원받은 거룩한 산 제물로서 섬김의 삶을 산다(12장). 세상에서 크리스천 시민으로서 합당한 삶을 산다(13장). 그리스도의 교회를 사랑하고 섬김과 봉사의 삶을 산다(14~15장). 교회와 하나님 나라의 동역자를 귀히 여기고 세운다(16장). 오직 은혜 오직 믿음 오직 성경으로 날마다 복음의 능력을 누리는 승리의 삶을 산다(1장).

로마서를 묵상할 때 복음으로 말미암아 개인, 교회, 나라, 민족, 세계에 구원을 주시는 하나님의 능력을 경험하게 됨을 믿어 의심치 않는다. 물론 말씀을 느리게 반복적으로 곱씹는 일은 바쁘고 분주한 현대 사회와 맞지 않는 일이다. 그러나 꼭꼭 씹은 밥알이 단맛을 내듯, 천천히 오랜 시간을 들여 묵상하는 로마서 말씀은 우리 영혼의 양식이 되고, 일상의 능력이 될 것이다. 부디 이 묵상의 여정을 통해 말씀이 하루를 인도하는 신비를, 말씀대로 성취되는 기적을, 복음을 살아 내는 감동을, 말씀을 일상에 적용하는 지혜를, 그러다 더러는 자기 인생의 성경 구절을 찾기도 하는 일들이 우리 삶의 자리마다 가득하기를 소원한다.

모쪼록 이 묵상집이 매일 영혼의 양식으로 세상에서 가장 좋은 것, 하나님과 동행하는 데 소중한 동반자가 되기를 간절히 기도한다. 이 책이 세상에 나오기까지 수고한 고마운 이들이 있다. 매주 CBMC 한성지회에서 로마서 말씀을 전할 수 있었기에 이 책 저술이 가능했다. 이른 새벽 기쁨으로 달려와 마음을 다해 말씀을 청종해 준 한성의 형제자매들에게 감사한다. 정성껏 원고를 다듬어 준 벗 같은 제자요 도반인 박관용 목사에게 고마움을 전한다. 언제나 기꺼이 출판을 감당해 준 〈샘솟는 기쁨〉의 강영란, 이진호 두 분께도 경의를 표한다. 이들은 한국 교회를 섬기는 나의 소중한 동지요 충실한 동역자이다. 매월 첫 페이지에 수채화 〈주님과 함께〉 시리즈를 그려 준 윤정선 작가께도 감사를 전한다. 그는 한섬 공동체에서 로마서 강해를 듣고 회심하여 세례를 받은 첫 크리스천이다. 무엇보다 우리에게 사명감, 영감과 지혜, 전인적 강건을 주신 우리 주 예수 그리스도 하나님께 모든 감사와 영광을 돌린다.

　"주 동행(主 同行), 주 행복(主 幸福), 주 영광(主 榮光)!"
　"하나님께 가까이 함이 내게 복이라"(시 73:28)

2023년 늦은 가을에
일순(日殉) 김석년

차 례

한 해의 시작
1월

2

다시 깨어나는 시간
2월

3

초록빛 세상
3월

우린 매 순간 하나님을 바라보며,
날마다 하나님의 임재 안에 거하고,
온종일 하나님과 동행할 수 있다!

하나님과 동행을 위하여

일러두기

하나님과의 동행, 이는 하나님의 소원이고 우리를 부르신 목적이며 그리스도 주님의 마지막 축복이다. 이를 위해서는 얼마간의 훈련이 필요하다. 『로마서 365』는 매일 복음 말씀 묵상집으로, 하나님과의 동행을 위한 하나의 거룩한 수단이요 통로이다. 이 책을 다음과 같이 사용할 것을 제안한다.

1. 정시기도와 함께 하라. 하나님과의 동행은 먼저 정시기도로 시작하는 것이다. 정시기도도 안 하면서 어떻게 하나님과 동행할 수 있겠는가? 정시기도, 특히 아침 기도 시간에 말씀 묵상을 함께 하는 것이 가장 효과적이다. 정시기도 훈련은 『쉬지 않는 기도 동행 31』을 활용하면 도움이 된다.

2. 말씀 묵상이 순종으로 이어지도록 하라. 말씀을 묵상하는 목적은 주의 뜻을 알고 하나님과 동행하기 위함이다. 곧 말씀을 따라 사는 것이 주님과의 행복한 동행이다. 매일의 복음 말씀을 읽고 묵상한 후, 제시된 과제로 기도하고 온종일 그 말씀을 따라 살라.

3. 항시기도로 이어지도록 하라. 매일 주어지는 한두 절의 말씀을 온종일 기억하면서 때마다 시마다 '성호기도'(하나님 아버지, 파라클레토스, 예수 그리스도, 키리에 엘레이손)를 반복하면 실제로 하나님과 동행하는 은혜를 누리게 된다.

4. '동행 스케치'를 쓰면 좋다. 이는 일종의 일기 같은 것이다. 밤에 잠자리에 들기 전 하루를 돌아보며 어떻게 하나님과 동행했는지를 생각하고, 하루를 스케치하듯 열 줄 미만으로 기록한다. 동행의 하루를 글로 기록하는 것은 나를 성숙하게 할 뿐 아니라 신앙의 산 역사가 되어 자녀와 믿음의 식구에게도 큰 기쁨과 교훈이 된다.

5. 멀리 가려면 함께 가라. 하나님과의 동행은 평생을 가는 먼 길이기에 가능한 한 부부, 자녀, 소그룹, 교회 지체와 함께하면 서로 격려가 되어 더 큰 동행의 기쁨을 누릴 수 있다. 필자는 거의 매일 아침 식탁에서 아내와 함께 『로마서 365』를 나눈다. 한 말씀, 한 기도, 한 동행으로 하루를 시작하니 더욱 깊은 부부애를 누린다. 또 고등학교 동창들과 카톡 단톡방을 열어 매일의 복음을 전송하고 서

로 받은 바 은혜와 기도 제목을 나누는데, 임마누엘 우정으로 새 힘을 얻곤 한다.

6. 할 수 있는 만큼만 하라. 처음부터 너무 잘하려고 무리하지 말고, 일단 할 수 있는 것부터 '하나씩' 즐겁게 하라. 전체를 전망하고, 하나씩 하여 익숙하게 되면 다음 것으로 발전 확장해 가는 것이다. 『로마서 365』의 독자는 매일 아침, 말씀 묵상부터 하라.

7. 그리스도 사랑의 마음으로 하라. 언제든 다시 예수 십자가다. 예수 십자가 속량의 은혜를 생각하고, 십자가 구원의 은혜에 기뻐하고 감사해야 이 모든 과정이 즐겁다. 의무로 마지못해서 하는 것이 아니다. 다시 십자가 앞에 서라. 그리스도 주님을 사랑하면 즐겨 말씀을 묵상하고 쉬지 않는 기도를 하게 된다. 가슴에 십자가 사랑이 흐르면 기쁘게 할 수 있다.

하나님과의 동행은 단번에 해치우는 과업이 아니다. 세상 끝날까지 해야 하는 것이다. 날마다, 때마다, 시마다, 평생토록 주 안에서 주님과 대화하고, 주님을 즐기고, 주의 뜻을 구하고, 주의 사랑으로 불타오르고, 주님과 함께 사명의 길을 가고, 주님 나라를 소망하며 주님으로 내 잔이 넘치는 인생을 사는 것이다. 이렇게 말이다.

"하나님, 오늘은 중요한 미팅으로 꽉 찬 날입니다. 오늘 제 입술에서 나오는 모든 말을 저를 대신하여 말씀해 주소서. 제 마음 안에서 걸으시고, 거기에서 주님의 뜻을 알게 하소서. 제 가슴 안에서 타오르소서. 제 눈을 다스리소서. 오늘 온종일 제 안에 거하시고, 제 안에서 사랑하소서! (중략) 저 하늘에 영원한 태양이 있는 것처럼 우리 영혼에 꺼지지 않는 불을 지펴 주소서." **프랑크 라우바흐**

로마서 365

1

한 해의 시작

1월

촛불처럼 작지만,

나를 태워

어둠을 밝혀 내고

새로운 길을 비춘다.

복음에는 하나님의 의가 나타나서
믿음으로 믿음에 이르게 하나니
기록된 바 오직 의인은 믿음으로 말미암아
살리라 함과 같으니라(롬 1:17)

♥ 빈 의자는 나와 함께하시는 그리스도를 뜻한다.

01

01

종의 행복

예수 그리스도의 종 바울은 사도로 부르심을 받아 하나님의 복음
을 위하여 택정함을 입었으니(1:1)

무슨 일이든 첫 시작이 중요하다. 첫 날, 첫 시간, 첫
마음에 따라 일의 방향이 갈리기 때문이다. 기독교 역사
의 중심에 서 있는 로마서를 시작하며 사도 바울은 무엇
을 하고 있는가? 그는 자신이 '예수 그리스도의 종'이라는
사실부터 밝힌다. 그는 다른 데서도 자신이 예수 그리스
도의 종임을 먼저 강조하고 즐겨 소개한다(빌 1:1, 딛 1:1).
예수의 종이 가장 복된 존재임을 알기 때문이다.

그는 종이지만, 자유(自由)자이다. 그리스도 안에서 무
엇에도 매이지 않는 자유를 누린다(요 8:32). 그는 종이지
만, 부요(富饒)자이다. 그리스도 안에서 자족하며 풍성을
누린다(고후 6:10). 그는 종이지만, 능력(能力)자이다. 그리
스도 십자가 부활의 능력으로 세상을 능히 이길 수 있다
(롬 8:35, 37). 이런 연유로 예수의 종이라는 사실은 바울에
게 가장 큰 은혜요 긍지요 영광이다.

"믿는 사람들은 참으로 이상한 사람들이다. 그들은 한 번도 본 적이 없는 분을 향해 최고의 사랑을 느끼고, 눈으로 볼 수 없는 분과 매일 친숙하게 이야기하며 그분과 함께 천국 갈 것을 소망한다. (중략) 가장 약할 때 가장 강해지며, 가장 가난할 때 가장 부자가 되고, 최악의 상태에서 최상의 행복을 느낀다. 살기 위해 죽고, 소유하기 위해 포기하며, 지키기 위해 준다." 에이든 토저

나는 누구의 종인지 생각하고, 이제 예수의 종으로 살 것을 결단하고 기도하자.

인생길을 가는 동안

예수 그리스도의 종 바울은 사도로 부르심을 받아 하나님의 복음
을 위하여 택정함을 입었으니(1:1)

바울은 사도로 부름받았다. 사도(使徒)는 복음을 위하
여 보냄을 받은 자이다. 예수가 사람을 살리고, 세상을 구
원하는 복음(福音, 눅 2:10)임을 세상에 전하고 보여 주는
자가 바로 사도다.

사도가 되기 위해서는 대전제가 있다. 먼저 예수의 종
이 되는 것이다. 예수의 종, 그는 역설적이게도 매였지만
자유자요, 가난하지만 부요자요, 약하지만 능력자이다.
이 종 됨의 은혜를 경험한 자만이 비로소 사도가 된다. 복
음에 감격하여 종이 되고, 그 복음을 위하여 사도로 파송
된다. 먼저 종이 되어야 그다음 사도다.

예전에 나는 무엇이든 잘하려고 했다. 실력 있고, 뛰어
난 목사가 되고 싶었다. 그래야 쓰임받을 수 있다고 생각
했다. 다 착각이었다. 그럴수록 삶은 어렵고 사역은 힘들
었다. 비교, 경쟁의식으로 인한 열등감과 우월감이 나를

괴롭혔다.

그러던 어느 날 고린도전서 1장 27~28절을 읽다가 난 거꾸러졌다. 그 자리에서 전율하며 눈물로 기도했다. "이제 제가 잘하려고 하지 않겠습니다. 부족한 대로, 주어진 대로 예수 종으로 살겠습니다. 먼저 종 되겠습니다." 그러자 모든 것이 쉬워지고 편안해졌다. 난 요즘 자유롭고 충만하다.

"인생길을 가는 동안 주님이 나의 주인이심을 항상 알게 하소서. 주님을 고백하고 기쁘게 주의 이름을 부릅니다. 나는 주님을 가장 사랑합니다." **크리스티안 다비드**

주어진 일이나 사역을 하기 전에 먼저 예수의 종으로 살 것을 다짐하고 기도하자.

늘 아쉬운 복음

이 복음은 하나님이 선지자들을 통하여 그의 아들에 관하여 성경에 미리 약속하신 것이라(1:2)

로마서는 사도 바울이 로마교회에 보낸 편지로 주제는 복음이다. 로마는 당시 세계를 제패한 제국의 수도로서 복음 전파의 가능성이 열린 곳이었다. 바울이 편지를 로마교회에 쓴 것을 보면, 이미 누군가에 의해서 로마에 복음이 전해지고 교회가 세워져 있었다. 그런데도 그는 뜨거운 가슴으로 로마교회에 다시 복음이 무엇인지 소개한다.

1장의 첫 단락(1~17절)부터 그는 복음이라는 단어를 여러 차례 쏟아 낸다(1, 2, 9, 15, 16, 17절). 왜 그랬을까? 아마도 로마교회가 복음의 감격과 능력을 잃어버렸기 때문일 것이다. 마치 머리 깎인 삼손처럼 무기력하게 죄에 매여 사는 교인들이 상당수 있었다(롬 1:24~32, 13:13). 사도는 그런 교회를 향해 다시 복음 전하기를 원했다.

"로마교회여, 다시 복음을 들어라!"

안타깝게도 우리 중 상당수가 '복음 불감증 환자'다. 복음에 대한 감격과 기쁨이 없다. 복음을 다 아는 이야기로 여기거나 거부 반응을 보인다. 이는 복음에 대한 무지와 상실 때문이다. 복음의 가치를 제대로 알지 못하고(마 19:22), 이미 복음을 들었음에도 어떤 연유로 그 은혜를 잃어버린 것이다(계 2:4). 나는 어떤가? 하루하루 복음에 감격하며 감사하고 있는가? 복음에 대한 갈급함이 있는가(시 119:131)? 그대여, 다시 복음을 들어라!

"신실하신 주 하나님, 나는 주님의 것이오니 아무도 나를 주님으로부터 떼어 내지 못하게 하시고, 주님의 말씀에 매여 있게 하소서. 주님, 절대 흔들리지 않게 하시고 평온함을 주소서. 영원토록 주님께 감사드립니다." **니콜라우스 젤네커**

나도 복음에 무감동한 것은 아닌지 살피고, 늘 복음에 감격하여 주님 섬기기를 기도하자.

산 신앙고백

그의 아들에 관하여 말하면 육신으로는 다윗의 혈통에서 나셨고
성결의 영으로는 죽은 자들 가운데서 부활하사 능력으로 하나님
의 아들로 선포되셨으니 곧 우리 주 예수 그리스도시니라(1:3~4)

로마서는 AD 57년경, 바울이 3차 전도 여행을 마칠 무렵 고린도에서 쓴 것으로 알려져 있다. 기록할 당시 그의 나이는 예순 전후로, 대략 25년 정도 복음을 알고 믿었다. 이쯤 되면 누구라도 신앙이 시들해질 만하다. 하지만 그는 복음의 감격이 얼마나 컸던지, 자신을 소개하다가 가슴이 벅차올라 곧바로 복음을 설명한다. 복음의 유래-선지자와 성경(2절), 복음의 탄생-다윗의 혈통(3절), 복음의 내용-하나님의 아들 예수 그리스도(4절), 그리고 이 복음이 십자가와 부활로 온 세상에 확증되었음을 선포한다. 이어지는 고백을 보면 바울의 신앙이 어떠했는지를 알 수 있다.

- 예수는 그리스도이시다(4절).
- 나는 그분을 위해 산다(5절).
- 나는 그리스도의 것이다(6절).

흔히 제자 훈련, 봉사, 전도, 선교 등 눈에 보이는 것을 중요하게 생각한다. 이보다 더 우선적인 것이 있다. 신앙고백이다. 신앙고백은 하나님과 나의 관계를 확인하는 것이다. 곧 '예수는 그리스도이시다. 나는 그분을 위해 산다. 나는 그리스도의 것이다'라는 사랑의 관계를 확증하는 것이다. 나에게 이런 산 신앙고백이 있는가?

"주 예수를 사랑하는 것, 그것이 전부다. 학문도 아니고,
교육도 아니고, 비판도 아니다. 우리에게 필요한 것은
하나님과 살아 있는 관계다. 그러므로 우리는 주 하나님
께 간절히 기도해야 한다." 요한 **프리드리히 바르트**

내 신앙고백을 다시 점검하고, 하나님과 깊은 관계
를 이어 가기 위해 기도하자.

05 은혜로 받은 직분

그로 말미암아 우리가 은혜와 사도의 직분을 받아 그의 이름을
위하여 모든 이방인 중에서 믿어 순종하게 하나니(1:5)

복음은 은혜다. 복음적 삶은 은혜를 알고, 은혜에 감사
하고, 은혜로 인해 기쁘게 순종하는 것이다. 우리는 은혜
로 구원받았다. 먼저 선재(先在) 은혜가 있었다. 하나님 아
버지 택하심의 은혜, 예수 그리스도 십자가 속량의 은혜,
보혜사 성령 인치심의 은혜, 교회의 선교적 은혜로 구원
을 받았다.

직분 역시 은혜이다. 죄와 허물 많은 나를 구원하여 충
성되게 여겨 직분을 맡기셨다(딤전 1:12~15). 그 직분을 능
히 감당할 수 있도록 성령의 은사를 주셨다. 성품적인 은
사(롬 12:6~8)와 기능적인 은사(고전 12:8~10)를 주셔서 성도
를 온전하게 하며 그리스도의 몸인 교회를 세우게 하셨다
(엡 4:12~13). 은사 중 최고의 은사는 아가페 곧 십자가 사
랑이다(고전 12:31, 13:4~7).

직분을 주신 것은 "그의 이름을 위하여" 살게 하기 위

함이다. 곧 주의 이름을 전하고, 주의 이름으로 교회를 세워 이 땅에 주의 나라를 이루는 것이다. 모든 것이 내가 아니요, 은혜로 된 것이다. 은혜를 아는 자는 자랑하지 않는다. 두려워하지 않는다. 조급해하지 않는다. 말씀을 믿고, 말씀으로 인하여 평온하고 자유하며 담대하고 온전히 주의 뜻에 충성한다.

"하나님, 은혜 안에서 말씀을 붙들고 주님께 자유롭게 달려가게 하소서. 하나님께 받은 말씀이 닫힌 문과 빗장을 부수고 엽니다." **아르노 뛧취**

은혜로 살지 못했던 것을 회개하고, 받은 바 은혜를 고백하고 감사하자.

그리스도의 것

> 너희도 그들 중에서 예수 그리스도의 것으로 부르심을 받은 자니
> 라(1:6)

무엇을 소유하려면 둘 중 하나여야 한다. 내가 그것을
만들거나, 내가 그것을 사는 것이다. 비싼 대가를 치를수
록 더욱 가치 있는 소유물이 된다.

우리가 "예수 그리스도의 것"이라는 사도의 말씀은 이
두 요건이 다 충족되었다는 의미이다. 하나님께서는 우
리를 만드셨다. "너는 내 아들이라 오늘 내가 너를 낳았도
다"(시 2:7) 또 십자가 속량으로 우리를 사셨다. "내가 너를
구속하였고 내가 너를 지명하여 불렀나니 너는 내 것이
라"(사 43:1) 나는 그리스도의 것이라는 확신이 있는가?

예수의 소유가 된 자는 삶이 변한다. 먼저 존재가 변한
다. 죄의 종이었으나 이제는 은혜로 십자가 속량을 믿음
으로 하나님 자녀가 되었다(요 1:12). 또한 목적이 변한다.
내 성공과 행복을 위해 살았으나, 이제는 주의 나라 주의
뜻을 이루기 위하여 산다(마 6:33). 그리고 능력이 변한다.

인간 한계로 인한 실패와 탄식으로 살았으나, 이제는 주의 능력으로 산다(빌 4:13). 이 세 가지의 변화가 그리스도의 것이라는 표징이다.

> "온갖 보물로 가득한 길이 되신 예수님, 당신은 나의 기쁨이요 즐거움입니다. 나는 헛된 영광을 찾는 이들이 길에서 떠드는 소리를 듣지 않습니다. 알면서도 모른 체합니다. 고난과 곤경, 수치와 죽음으로 고통을 받더라도, 나는 예수님으로부터 멀어지지 않을 것입니다."
> 요한 프랑크

내가 그리스도의 것임을 재확인하고, 존재와 목적과 능력의 변화를 경험하자.

은혜로부터 임하는 평강

로마에서 하나님의 사랑하심을 받고 성도로 부르심을 받은 모든
자에게 하나님 우리 아버지와 주 예수 그리스도로부터 은혜와 평
강이 있기를 원하노라(1:7)

사는 데 가장 필요하고 중요한 가치가 있다면 단연 평
안이다. 평안이 없으면 실력, 능력, 건강, 재산, 명예도 아
무 소용없다. 말짱 '꽝'이다. 그러나 평안이 좋다고 아무나
누릴 수 있는 것은 아니다. 은혜받은 자만이 누릴 수 있는
특권이다. 유혹과 시험, 환난이 있더라도 하나님 아버지
와 예수 그리스도께서 베푸신 구원의 은혜가 임하면 평안
을 누리게 된다.

이런저런 일로 답답하고 속상한 날이었다. 오전 내내
우울과 무기력으로 갇혀 지냈다. 답답한 마음에 산책을
나섰다가 벤치에 앉았는데 비둘기 한 마리가 날아들었다.
머리를 흔들며 나를 보고, 땅을 보고 한다. 먹이를 달라는
것 같아 먹던 빵을 떼어 주었다. 어찌나 신나게 쪼아 먹던
지. 순간 말씀이 떠올랐다. "공중의 새를 보라 (중략) 하늘
아버지께서 기르시나니 너희는 이것들보다 귀하지 아니

하냐"(마 6:26) 아, 내가 지금 은혜를 잊어버렸구나 하는 생각이 들자 찬양이 흘러나왔다. 어느새 내 마음이 평안으로 가득 찼다(요 14:27).

　　"은혜의 태양이시며 진정한 생명의 빛이신 예수님, 주님은 생명과 빛과 복으로 내 얼굴을 당신의 은혜로 기쁘게 하시고 내 영을 새롭게 하십니다. 하나님, 나를 버리지 마소서." **안드레아스 고터**

은혜를 잃으면 다 잃는다. 먼저 은혜를 회복하고, 그 은혜 안에서 지내자.

감사하는 신비

먼저 내가 예수 그리스도로 말미암아 너희 모든 사람에 관하여
내 하나님께 감사함은 너희 믿음이 온 세상에 전파됨이로다(1:8)

크리스천의 4대 덕목을 든다면 겸손, 평안, 자유, 감사
다. 이는 완전한 크리스천에 이르는 순차적 단계이기도
하다. 기독교의 모든 은혜와 축복은 가난한 마음으로부터
비롯된 겸손에서 시작된다. 겸손하면 평안하게 되고, 평
안하면 자유를 누리게 되고, 자유하면 감사하게 된다. 겸
손이 복의 뿌리라고 한다면 평안은 줄기요, 자유는 꽃이
요, 감사는 열매이다. 감사는 최고의 덕목이요, 최상의 품
격이다. 감사의 분량이 행복의 분량이다. 감사하는 만큼
행복해진다.

신비한 사실은 내 안에 복음이 역사하면 감사가 넘
친다는 것이다. 복음은 예수요, 은혜요, 진리요, 생명이
요, 사명이요, 구원이기에 복음이 내 안에 있으면 항상 기
뻐할 수 있고 범사에 감사할 수 있다. 내 삶의 모든 기준
과 판단이 복음이기 때문이다. 어떤 관계, 상황이든 복음

이 살아나고, 전해지고, 진전되기만 한다면 나는 그것으로 인하여 기뻐하고 감사할 수 있다(시 100:4, 합 3:17~18, 빌 1:17~18, 골 2:7).

> "임마누엘 주님을 찬양합니다. 주님은 생명의 주님이시며 은혜의 샘이십니다. 주님은 모든 기쁨의 근원이시며 내 마음의 고통을 건디어 내게 하십니다. 나에게 범사에 감사하게 하십니다." **바울 게하르트**

감사가 없거나 적어졌다면 복음이 희미해진 것이다. 십자가 복음을 회복하자.

쉬지 않는 기도의 신비

내가 그의 아들의 복음 안에서 내 심령으로 섬기는 하나님이 나
의 증인이 되시거니와 항상 내 기도에 쉬지 않고 너희를 말하며
(1:9)

사랑은 일이 아니다. 그럼에도 우리는 사랑을 일처럼
여길 때가 많다. 사랑을 빨리 마치려 하고, 해치우려고 한
다. 아니다. 사랑은 마칠 수 없고, 끝날 수도 없다. 사랑은
평생을 이어 가는 친밀한 관계요, 사모하는 사귐이요, 솟
구치는 열정이다. 사랑은 쉬지 않고 생각하고, 끊임없이
대화하며, 한없이 생명으로 이끌어 간다. 사랑은 피곤해
도 피곤하지 않고, 힘들어도 힘들지 않다. 죽는다 해도 두
렵지 않다. 죽음보다 강한 것이 사랑이기 때문이다(요일
4:10).

"사랑을 잘하는 사람이 기도도 잘한다"(사무엘 코울리
지)라는 말처럼, 사랑하는 사람은 쉬지 않고 기도한다. 하
나님과 끊임없이 대화하며 기도하고, 영혼을 위해 애쓰고
수고하며 중보한다. 정시(定時)기도로, 항시(恒時)기도로,
일상 기도로 사랑하는 이를 떠올리며 기도한다(눅 21:36,

살전 5:17). 자주, 짧게, 가난한 마음으로 기도한다.

"전도사님을 위해 기도할게요."

청년 시절 농촌 전도에 가서 만난 한 자매가 했던 말이다. 그로부터 40년이 지나 우연히 다시 만났는데 "지금도 기도하고 있어요"라는 그분의 한마디에 가슴이 뭉클했다. 이제는 나도 기도할 때면 그가 생각나 기도한다. 기도는 그를 사랑하는 최고의 방법이다. 누군가를 위해 기도할 때는 그 사실을 상대방에게 알리는 것이 좋다. 서로 함께 기도하게 되고, 함께 삶을 나누게 되고, 함께 교회를 세우고, 함께 하나님 나라를 이루기 때문이다.

> "기도는 다른 사람을 사랑하는 방법이므로 거기에는 언제나 예의 바름과 은혜와 존중심이 질서 정연하게 갖추어져 있음을 명심하라." **리차드 포스터**

사랑으로 기도할 사람들의 명단을 작성하고, 그를 위해 기도하고 있음을 알리자.

좋은 길로 행하라

어떻게 하든지 이제 하나님의 뜻 안에서 너희에게로 나아갈 좋은 길 얻기를 구하노라(1:10)

우리는 언제든 좋은 것을 구하고, 좋은 길로 가고자 한다. 문제는 무엇이 좋은 것이고, 좋은 길인지 알지 못한다는 것이다. 살아오면서 좋은 것인 줄 알았는데 후에 보니 잘못되고, 실패한 것이 얼마나 많았던가. 바울은 자기 바람대로 곧장 로마에 갈 수 있었다. 길을 나서기만 하면 되었다. 그러나 그러지 않았다. 그는 주의 뜻을 묻고, 주께서 길을 열어 주실 것을 기다렸다. 그것이 좋은 길임을 믿었기 때문이다.

좋은 것, 좋은 길을 찾기 위한 방법은 하나다. 하나님께 묻는 것이다. 무엇이 진짜 내게 좋은 것인지 묻고, 맡기는 것이다. 당장 안 된다고 근심하거나 두려워하지 말라. 근심과 두려움은 주의 뜻을 가린다. 조급하게 결정하고 진행하지 말라. 조급함은 주의 일을 망친다. 상식, 경험, 성공에 매이지 말라. 이전의 경험이 오히려 실패의 요인이 될 수 있다. 겸손히 주님께 물어라. 하나님을 신뢰하고, 주의 음성을 듣고, 믿음으로 행하라. 때가 되면 정녕 좋은 것을 얻고, 좋은 길로 인도함을 받을 것이다(잠 3:5~6).

"주 예수님, 우리를 인도하시는 주님의 손길에 위로를 받으며 갑니다. 주님의 신실하심을 인식하고 또 느낍니다. 주님께서 무언가를 부과하시면, 또한 감당할 힘도 주십니다. 이제 우리는 주님께서 요구하시는 것을 위로하심 가운데 감히 수행할 수 있습니다." **디트리히 본회퍼**

오늘 나를 향한 주의 뜻이 무엇인지 생각하고, 그 계획과 진로를 하나님께 맡기자.

신령한 은사

내가 너희 보기를 간절히 원하는 것은 어떤 신령한 은사를 너희
에게 나누어 주어 너희를 견고하게 하려 함이니(1:11)

우리는 흔히 누구를 만나서 무엇을 얻으려고 한다. 사
도 바울은 다르다. 그는 받기보다 '주기' 위해 만나고자 한
다. 무엇을 얻으려고 누구를 만나면 이해타산의 비즈니스
관계가 될 뿐이다. 나누려고 할 때 사귐의 관계가 되고 서
로 풍성을 누리게 된다. 오늘 내가 그를 만나는 목적이 무
엇인가. 얻으려고 하는 것인가 아니면 나누려고 하는 것
인가.

바울 사도가 로마교회에 가고자 하는 목적은 "신령한
은사"를 나누어 주기 위함이었다. 먼저 신령한 은사는 복
음을 의미한다. 오직 은혜, 오직 믿음, 오직 성경으로 구
원을 얻는 것이 신령한 은사의 핵심이다. 또한 신령한 은
사는 성령의 은사(롬 12:6~8)와 성령의 열매(롬 12:9~21)이
기도 하다. 신령한 은사는 언제나 예수 그리스도의 복음
과 함께 성령의 은사, 성령의 열매가 함께 간다.

　　바울은 그들을 만나 신령한 은사를 나누길 간절히 원했다. 이는 원한다고 다 되는 것이 아니다. 하나님께서 앞서 좋은 길을 열어 주셔야 한다(행 16:14, 계 3:8). 그래서 그는 은사 나누기를 간절히 소원하며 기도한다. 기도해야만 신령한 은사를 나눌 수 있는 길이 열리고, 나도 더욱 성령을 힘입어 나눌 수 있기 때문이다.

　　"교회는 더 나은 방법을 찾지만, 하나님은 기도에 능한 사람, 기도하는 사람을 필요로 한다. 성령은 방법을 통해서 흘러나오지 않고, 기도하는 사람을 통해서 역사하신다." E. M. 바운즈

　　나는 누구에게 선한 것을 나누고 신령한 은사를 전할 수 있을지 생각하고 기도하자.

서로 안위하는 사이

이는 곧 내가 너희 가운데서 너희와 나의 믿음으로 말미암아 피
차 안위함을 얻으려 함이라(1:12)

흔히 나이가 들거나 높은 직위를 가지면 가르치고 훈
계하려고 한다. 요즘 말로 '꼰대'가 되기 십상이다. 그러면
수동적인 관계가 되어 누구와도 동역을 이루어 갈 수 없
다. 앞서 바울은 신령한 은사를 나누어 주어 견고하게 되
기를 원한다고 했다. 동시에 그는 얼른 자신을 낮춘다. 자
신도 도움받기를 원한다며 겸양을 표시한다.

"피차 안위(安慰)함을 얻으려 함이라"

바울은 일방적인 관계가 아니라 '피차' 서로 위로하고
격려가 되는 동역자가 되길 소원한다. 이는 서로의 인격
을 존중하고 서로의 믿음을 존중할 때에만 가능하다. 믿
음의 모양과 분량이 다를지라도 이해하고, 인정하는 겸손
의 섬김이 있다면 서로를 위로하고 살려 낼 수 있다.

언젠가 나는 심한 무기력과 우울증에 빠진 적이 있다.
주어진 사역을 내려놓고 떠나야 하지 않을까 고민하던 때

였다. 예배를 마치고 로비에서 인사를 나누는데, 장애가 있는 한 자매가 어눌한 말로 내게 이렇게 인사를 건넸다. "목사님 힘내세요. 매일 기도하고 있어요. 사랑해요." 이 한마디가 나를 살렸다. 안위를 얻어 슬럼프에서 벗어날 수 있었다.

> "형제여, 나는 그대의 사랑으로 큰 기쁨과 위로를 받았
> 습니다. 성도들이 그대로 말미암아 마음에 생기를 얻었
> 습니다." 몬 1:7(새번역)

오늘 누구를 안위할 것인지를 생각하고, 진실로 그를 위로하고 격려하자.

길이 막히는 은혜

형제들아 내가 여러 번 너희에게 가고자 한 것을 너희가 모르기
를 원하지 아니하노니 이는 너희 중에서도 다른 이방인 중에서와
같이 열매를 맺게 하려 함이로되 지금까지 길이 막혔도다(1:13)

살다 보면 길이 막힐 때가 있다. 선한 일, 마땅히 해야
하는 주의 일이라 생각하고 계획하고 기도했지만, 길이
열리지 않을 때가 있다. 이럴 때 나는 어떻게 하는가?

로마는 당시 세계의 중심이었다. 바울은 로마에 복음
전하기를 간절히 소원했다. 쉬지 않고 기도했고, 여러 번
시도했다. 그때마다 번번이 길이 막혔다. 그는 어떻게 했
는가? 우선 낙심하거나 포기하지 않았다. 하나님이 주신
소원으로 여기며 언젠가 이루어질 것을 확신했다(빌 1:6).
또한 하나님의 때를 기다렸다. 내 때가 아니라 하나님의
때에 주의 방법으로 길을 여실 것을 믿고, 인내와 소망으
로 기다렸다. 그리고 지금 할 수 있는 일을 행하였다. 손
놓고 있지 않고 할 수 있는 일을 했다. 편지를 썼다. 갈 수
없어서 선택한 일이었다.

재미있게도 그 덕분에 로마서가 탄생했다. 그의 길이

막혀서 로마서가 세상에 나왔다. 길이 막히지 않았다면 로마서도 없었다. 그렇게 길 막힌 바울이 쓴 로마서가 교회와 역사를 바꾸어 놓았다(사 55:8~9). 기도하는데 길이 막히는가? 주의 뜻인데 잘 안 풀리는가? 그때가 바로 나만의 '또 다른 로마서'를 쓸 때이다.

"우리가 길을 알지 못하더라도 주님의 말씀으로 항상 올바른 길로 인도하소서. 우리가 고난에 처할지라도 늘 주님만 신뢰하도록 우리에게 변치 않는 마음을 주소서. 부서진 것을 열심히 세우게 하소서. 주님을 바로 보고 주님의 위로함 위에 세워 나가게 하소서." **미하엘 쉬르머**

선을 행해도 길이 막히는가? 그래도 오늘 해야 할 일, 할 수 있는 일을 하자(갈 6:9).

01

14 빚진 자의 심정으로

> 헬라인이나 야만인이나 지혜 있는 자나 어리석은 자에게 다 내가
> 빚진 자라(1:14)

빚에는 두 종류가 있다. 채무적 빚과 은총의 빚이다. 전자는 갚지 않으면 힘들어진다. 속박당하고 곤고하게 된다. 반면 후자는 갚을 의무가 없다. 갚지 않아도 별 탈이 없다. 다만 갚으면 삶이 더 충만하고 행복해진다.

"내가 빚진 자라" 이 바울의 고백은 은총의 빚을 말한다. 그는 스데반을 돌로 쳐 죽인 살인자요, 교회를 훼방한 자요, 핍박자였다. 죄인 중의 괴수로 죽어 마땅한 자였다. 그런 그가 구원받고 사도가 되어 은총의 빚을 졌다. 이제 그는 독생자를 주신 하나님의 사랑에 빚진 자요, 그리스도 십자가 사랑에 빚진 자요, 그에게 복음을 전한 전도자에게 빚진 자로서 하루하루를 살아간다.

나도 다르지 않다. 나 역시 바울처럼 하나님 은총의 빚을 졌다. 빚진 자로서 이제 그 사랑을 모르는 이들에게 전해야 한다. 이는 자랑이나 보상을 위한 것이 아니다. 그저

빚진 자로서 드려야 할 사랑과 감사일 뿐이다(고전 9:16).

오래 전 한 농부가 아주 귀한 당근을 재배했다. 그는 왕에게 그것을 바쳤다. "왕이시여, 최고의 당근입니다. 사랑과 존경을 담아 바칩니다." 왕은 그 진심에 감동했고 그에게 땅을 하사했다. 한 귀족이 이 소식을 들었다. '그가 당근을 바쳐 땅을 얻었다면, 나는 말을 바쳐야겠다.' 그러나 왕은 고맙다는 말만 하고 그를 그냥 돌려보냈다. 서운해하는 귀족을 보자 왕은 말했다. "농부는 '나'에게 당근을 바쳤지만, 당신은 '당신 자신에게' 말을 바쳤소."

나의 봉사와 전도는 누구를 위한 것인가? 하나님께 드리는 것인가 나에게 돌리는 것인가? 진정 복음의 빚진 자라면 그에 합당한 마음과 태도로 드려라. 그래야 나도 행복하고 하나님이 기뻐 받으시는 일이 된다(막 14:9).

나에게 빚진 자의 심정이 있는지 돌아보고, 그 마음의 회복을 위해 기도하자.

전할 수밖에 없는 이유

그러므로 나는 할 수 있는 대로 로마에 있는 너희에게도 복음 전하기를 원하노라(1:15)

예수 십자가 복음을 믿는 자는 누구든 전도에 대한 강한 열망을 가질 수밖에 없다. 그 이유는 무엇인가?

첫째, 복음의 채무성이다. 복음의 빚진 자로서 십자가 은혜에 감격하여 복음을 전하게 된다(롬 1:14). 둘째, 복음의 긴박성이다. 오늘 복음을 전하지 않으면 그 영혼을 잃어버릴 수 있다. 늦기 전에 복음을 전해야 한다(롬 10:14). 셋째, 복음의 심판성이다. 복음을 전하지 않아 그가 구원을 얻지 못한다면 내가 하나님께 심판받는다(고전 9:16). 넷째, 복음의 상급성이다. 복음을 전하는 자에게는 천사도 흠모할 큰 기쁨과 상급이 주어진다(롬 10:15). 이것이 복음을 힘써 전해야 하는, 아니 할 수밖에 없는 이유이다.

이 모든 이유의 중심에 갈보리 언덕의 십자가가 있다. 죽음보다 강한 예수의 피, 예수 십자가 사랑이 나를 즐겨 달려가게 하는 것이다.

"사람들은 나의 아프리카에서의 삶을 헌신이라고 말합니다. 그러나 하나님께서 주신 은혜의 빚을 생각하면 그것은 보잘것없는 것입니다. 우리가 선을 베풀며 마음의 평화를 얻고 영광스러운 내일을 위해 노력하는 것이 헌신일 수 있나요? 아닙니다. 그것은 절대 헌신이 아닙니다. 차라리 그것은 특권이라고 말해야 합니다. 나는 결코 헌신한 적이 없습니다. 우리를 위해 십자가에 달려 돌아가신 그리스도의 은혜를 생각할 때 우리는 헌신이라는 말을 감히 할 수 없을 것입니다." 데이비드 리빙스턴

내 안의 예수 십자가를 회복하고, 그 복음을 오늘 만날 한 사람에게 전하자.

부끄러워하지 않는 복음

> 내가 복음을 부끄러워하지 아니하노니 이 복음은 모든 믿는 자에게 구원을 주시는 하나님의 능력이 됨이라 먼저는 유대인에게요 그리고 헬라인에게로다(1:16)

예나 지금이나 사람들은 복음을 부끄러워하거나 업신여기거나 미워한다. 십자가는 당시에 실패와 수치, 저주의 대명사였다. 밥을 먹다가도 십자가 이야기만 나오면 밥맛을 잃을 정도로 잔혹한 사형 틀이었다.

바울은 온 세상에 승리의 함성을 지르듯 자신은 복음을 부끄러워하지 않는다고 외친다. 예수께서 십자가에 죽었다가 살아나셨기 때문이다. 살아나셔서 항상 그와 함께 계신다는 사실을 실제로 경험하기 때문이다. 나아가 예수는 믿는 모든 자에게 임마누엘 그리스도가 되신다. 이것이 '케리그마적 복음'(고전 15:3~4)으로, 온 세상에 미치는 큰 기쁨의 좋은 소식이다.

나를 돌아본다. 나는 바울처럼 당당히 외칠 수 있는가? 복음을 부끄러워하지 않는가? 언제 어디서든 '예수는 임마누엘 그리스도'라고 고백하는가? 가정에서, 일터에서, 월급 앞에서, 취미 활동하면서, 쇼핑하면서, 억울한 일을 당할 때, 칭찬받을 때, 아무도 보는 이 없을 때, 그리스도를 고백하며 믿음에 합당하게 사는가?

"때로는 근심을 가지고 살아가지만, 좌절하지는 않습니다. 때로는 의심하지만, 의심에 빠지지는 않습니다. 때로는 하나님을 볼 수 없어 고통스럽지만, 희망으로 가득하여 살아갑니다. 때로는 자신의 죄를 알고 있지만, 은총으로 당당하게 살아갑니다. 주님, 나는 많은 것이 부족하지만, 모든 것을 가지고 있습니다. 나는 이런 사람을 그리스도인이라 부릅니다." **마리아 휘싱**

나는 일상에서 어떻게 크리스천임을 고백할 것인가를 생각하고 실행하자.

01

17

좋다 나를 좋다고 하니까

내가 복음을 부끄러워하지 아니하노니 이 복음은 모든 믿는 자에게 구원을 주시는 하나님의 능력이 됨이라 먼저는 유대인에게요 그리고 헬라인에게로다(1:16)

사람들은 자신이 아끼고 사랑하는 것을 두고 부끄러워하지 않는다. 도리어 기뻐하고 자랑하며 노래한다. 복음이 그렇다. 복음을 부끄러워하지 않고 자랑할 때 놀라운 축복을 누린다. 그 첫 번째가 '정체성'이다. 정체성은 내가 누구냐에 대한 자의식이다. 복음은 '예수 십자가'이다. 십자가 속량을 믿는 모든 자에게 구원이 임한다. 죄 사함을 받고 의롭다 함을 얻어 하나님 자녀가 된다(요 1:12, 롬 3:24, 엡 1:7). 곧 복음으로 정체성이 분명해지는 것이다. 그렇다면 스스로 물어보라. 나는 누구인가?

"나는 사랑받는 하나님 자녀이다."

복음으로 인한 정체성은 소속감, 인정감, 자신감으로 확장된다. 소속감이 있기에 이제 언제든지 하나님을 아바 아버지라 부르는 그분의 자녀로 산다(롬 8:15). 인정감이 있기에 이제 독생자를 주실 정도로 하나님의 인정받는 자로 산다(롬 8:32). 자신감이 있기에 이제 그 사랑과 인정을 힘입어 무엇이든 넉넉히 이길 수 있다(롬 8:37). 이것이 십자가 복음을 믿는 자가 누리는 행복이요 구원의 능력이다.

"좋아요. / 나를 좋다고 하니까 나도 좋다." **나태주, 좋다**

오늘 하루 "나는 사랑받는 하나님 자녀이다"를 순간순간 고백하며 구원을 누리자.

오직 하나면 된다

내가 복음을 부끄러워하지 아니하노니 이 복음은 모든 믿는 자에게 구원을 주시는 하나님의 능력이 됨이라 먼저는 유대인에게요 그리고 헬라인에게로다(1:16)

복음은 종교가 아닌 하나님의 능력이다. 종교는 신을 찾아가는 구도(求道)다. 복음은 우리와 함께하시는 하나님의 능력이다. 어떤 능력인가? 구원의 능력이다.

세상에는 인간이 도저히 해결할 수 없는 난제가 하나 있다. 죄의 문제다. 죄로부터 불안, 병고, 저주, 죽음이 세상에 왔다. 모든 인생은 죄 속에서 누구나 불안에 시달리고, 병고에 신음하고, 마귀의 저주에 매이고, 끝내 죽음에 이른다. 그러나 하나님께서 죄의 문제를 예수 십자가로 '단번에 완전히' 해결하셨다. 십자가를 믿는 자는 죄를 이긴다(마 1:21). 불안을 이긴다(요 16:33). 병고를 이긴다(눅 9:1). 저주를 이긴다(눅 10:19). 죽음을 능히 이긴다(요 11:25~26).

하루는 잠자리가 날아들었다. 사무실에는 창문이 여럿 열려 있었다. 그럼에도 잠자리는 출구를 찾아 나가지 못했다. 잠자리는 겹눈, 홑눈 합하여 만개의 눈을 가지고 있다고 한다. 그러나 만 개의 눈, 필요 없다. 한 개의 밝은 눈이 필요하다. 확실한 한 개의 눈이면 된다. 불행하게도 잠자리에게 그 한 개의 눈이 없었다. 그것을 보고 생각했다. '나에게는 그 한 개의 눈이 있는가…' 만개의 눈으로는 세상의 문제를 해결할 수 없다.

"우리에겐 길이 없다. 우리가 길이라고 부르는 것들은
방황일 뿐이다." **프란츠 카프카**

여기, 인생 모든 문제에 대한 하나의 대답이 있다. 나를 구원하고, 세상을 구원할 결정적인 것 하나가 있다. 무엇인가? 오직 복음, 오직 예수다(요 14:6).

구원을 주시는 하나님의 능력인 복음을 경험하고,
복음의 삶을 살기를 기도하자.

01

19

엘리 엘리 엘리

> 복음에는 하나님의 의가 나타나서 믿음으로 믿음에 이르게 하나
> 니 기록된 바 오직 의인은 믿음으로 말미암아 살리라 함과 같으
> 니라(1:17)

세상에는 의(義)가 없다. 인간의 의는 의처럼 보이나 사실은 기만, 거짓, 술수일 뿐이다. 인간은 죄인이기 때문이다. 그런 우리 가운데 하나님의 의가 나타났다. 바로 예수 십자가다.

십자가는 하나님의 '공의'이다. 하나님은 공의이시기에 죄를 간과할 수 없다. 십자가로 인간의 죄를 심판하신 것이다. 또한 십자가는 하나님의 '사랑'이다. 하나님은 사랑이시기에 인간의 멸망을 간과할 수 없다. 십자가로 죄를 용서하신 것이다.

예수는 누구인가? 인간을 죄에서 건지실 구원자이다(마 1:21). 사람의 아들로 세상에 오신 임마누엘이다(마 1:23). 세상 죄를 짊어지신 하나님의 어린양이다(요 1:36). 그날 갈보리에서 예수는 인간의 죄를 속량하기 위해 십자가로 심판받은 것이다. 하나님 아버지께 완전히 버림받았

다. 한 시인은 그 심판의 현장을 절창의 시로 표현했다.

"마지막 내려 덮는 바위 같은 어둠을/ 어떻게 당신은 버
틸 수가 있었는가?/ 뜨물 같은 恥辱(치욕)을,/ 불붙는 憤
怒(분노)를,/ 에어내는 悲哀(비애)를,/ 물새 같은 孤獨(고
독)을,/ 어떻게 당신은 견딜 수가 있었는가?/ (중략) 엘리
~엘리~ 엘리~엘리~/ 스스로의 목숨을 스스로가 매어 달
아,/ 어떻게 당신은 죽을 수가 있었는가?/ (중략) 아! 방
울 방울 떨구어지는 핏방울은 잦는데,/ 바람도 죽고 없
고 마리아는 우는데, 마리아는 우는데,/ 人子(인자)여!/
人子여!/ 마지막 쏟아지는 瀑布(폭포) 같은 빛 줄기를/
어떻게 당신은 주체할 수 있었는가?" **박두진, 갈보리의 노래**

이렇게 하나님의 의가 복음으로 세상에 나타났다.

하나님의 의, 십자가를 묵상하고 오늘 하루 어떻게
살 것인지 결단하자.

믿음으로 얻는 의

> 복음에는 하나님의 의가 나타나서 믿음으로 믿음에 이르게 하나
> 니 기록된 바 오직 의인은 믿음으로 말미암아 살리라 함과 같으
> 니라(1:17)

"사람은 어떻게 구원을 얻는가." 이것이 성경의 중심
주제이다(딤후 3:15). 이 구원의 도리를 논리적으로 가장
잘 설명한 책이 로마서다. 구원을 얻으려면 해결해야 하
는 근본적인 문제가 있다. 곧 죄와 죄책이다. 문제는 인간
이 죄에서 어떻게 벗어날 수 있냐는 것이다. 이는 인류의
모든 종교와 성현이 묻는 실존적 물음이다.

선행과 율법, 곧 인간 행위에 기반한 의로는 불가하다.
믿음으로 말미암은 의로만 된다. 오직 믿음으로! 곧 예수
십자가를 믿음으로만 의롭다 함을 얻는다. 이를 이신득의
(以信得義) 혹은 이신칭의(以信稱義)라고 한다. 이것은 법적
선언이다. 하나님께서 예수 십자가 속량을 보고, 죄인인
우리를 향해 죄 없다고 선언한 것이다(롬 8:1).

십자가는 하나님과 우리 사이에 새로운 관계를 가져
다주었다. 십자가 속량으로 말미암아 형벌의 두려움에

서 사랑의 관계로, 종에서 자녀의 관계로 바뀐 것이다(롬 8:15, 고후 5:17). 오직 믿음으로, 오직 십자가 속량을 믿음으로, 오직 예수를 그리스도로 믿음으로 의롭다 함을 받고 구원을 얻는다. 이 사실이 마음으로 믿어지고, 입으로 고백하는 것을 거듭남(중생, 요 3:3)이라 한다. 모든 하나님의 은혜와 축복은 여기에서 비롯되고 이어진다.

"거듭남은 하나님의 생명으로부터 공급되는 은혜에 의해 우리에게 새로운 비전을 주고, 언제 어디서나 완벽한 생기를 유지하게 한다." **오스왈드 챔버스**

믿음으로 얻은 의에 감사하고, 거듭난 하나님 자녀로서 비전과 생동감을 유지하자.

오직 믿음 더욱 사랑

복음에는 하나님의 의가 나타나서 믿음으로 믿음에 이르게 하나니 기록된 바 오직 의인은 믿음으로 말미암아 살리라 함과 같으니라(1:17)

크리스천은 어떤 사람인가? 흔히 예수를 닮는 자, 예수를 따르는 자라고 설명하곤 한다. 그런데 아니다. 크리스천은 먼저 예수 믿는 자여야 한다. 예수를 믿는 것이 하나님을 믿는 것이고(요 12:44), 하나님의 일이고(요 6:29), 영생이고(요 6:47), 자녀 되는 것이고(요 1:12), 능력이고(요 14:12), 예수 닮는 것이고, 따르는 것이다. 먼저 믿는 자가 되어야 한다(눅 18:8, 요 20:27).

바울은 로마서에서 믿음을 강조한다. "믿음으로 믿음에 이르게 하나니" 여기서 앞의 믿음은 구원을 얻는 믿음이다(1~11장). 십자가 대속을 믿음으로 하나님 자녀가 된다. 뒤의 믿음은 구원을 살아 내는 믿음이다(12~16장). 나와 함께하시는 그리스도를 믿음으로 하나님 자녀로 거룩하게 산다.

믿음은 세 가지 방향으로 나타난다. 하나님을 향한 믿

음, 복음의 친밀이다(6~8장). 교회를 향한 믿음, 복음의 섬김이다(12~14장). 세상을 향한 믿음, 복음의 전파이다 (9~11, 15~16장). 이 세 가지는 삶에서 조화롭게 나타나야 하지만, 그중에 제일은 복음의 친밀이다. 하나님과의 사귐이 없으면 복음의 섬김도, 복음의 전파도 이뤄질 수 없다. 이뤄진다 해도 가식이요, 헛된 것이다. 무엇보다 복음의 친밀함, '오직 믿음 더욱 예수 사랑'이 우선이다.

"예수를 유일(唯一) 최애(最愛)의 애인으로 삼고/ 언제든 그만을 사랑하다가/ 그를 위해 이 생명 바치고 싶어요."
이용도

주님과의 사랑이 더욱 깊어져, 내 믿음이 교회와 세상으로 향할 수 있기를 기도하자.

희망의 문, 진노

하나님의 진노가 불의로 진리를 막는 사람들의 모든 경건하지 않음과 불의에 대하여 하늘로부터 나타나나니(1:18)

복음에는 하나님의 의가 나타났다. 의는 예수 십자가로, 믿는 자는 구원을 얻는다(롬 1:17). 반면에 믿지 않는 자에게는 하나님의 진노가 나타난다. 혹자는 사랑의 하나님께서 어떻게 진노할 수 있는가 질문한다. 그럴 때 나라면 어떻게 대답할 것인가?

하나, 하나님의 진노는 그분의 본성이 아니라 죄에 대한 자극 반응이다(신 9:8). 하나님이 창조하신 세상을 지키기 위한 책임 있는 거룩한 행위이다. 둘, 하나님의 진노는 전혀 성급하지 않다. 하나님은 죄인이 회개하고 돌아오기를 오래 참고 기다리신다(시 103:8, 벧후 3:9). 셋, 하나님의 진노는 이미 나타났다. 악인에 대해 스스로 패망으로 치닫도록 내버려 둔 것이다(롬 1:26, 히 12:8). 넷, 하나님의 진노는 쌓인다. 악인을 언제까지 내버려 두지 않는다. 그날에 그 행한 대로 완벽히 갚으시고 심판하신다(마 10:15, 롬

2:5, 계 21:8). 다섯, 하나님의 진노는 죄인에게 향한다. 인간은 다 죄인이며 본질상 진노의 자녀이다(엡 2:3).

이 진노로부터 죄인을 살리시기 위해 하나님 아들 예수께서 십자가에서 죽어야만 했다. 십자가는 진노 중의 진노이다. 그리스도께서 대신 그 진노를 받으시고 우릴 살리셨다. 그럼에도 끝내 믿지 않는 자에게는 진노의 심판이 있다(요 3:36).

> "하나님의 진노는 하나님의 사랑과 같이 진실하고 선하다. 죄악과 멸망으로부터 우리를 분리하는 벽이자, 그분의 사랑으로부터 우리를 가깝게 만들어 주는 희망의 문이다." **칼 바르트**

내가 속한 모든 곳에 하나님의 진노가 임하지 않도록 중보하고, 힘써 복음을 전하자.

제거하는 지혜

하나님의 진노가 불의로 진리를 막는 사람들의 모든 경건하지 않음과 불의에 대하여 하늘로부터 나타나나니(1:18)

"與一利不若除一害(여일리불약제일해), 生一事不若滅一事(생일사불약멸일사). 하나의 이익을 얻는 것이 하나의 해를 제거함만 못 하고, 하나의 일을 꾸미는 것이 하나의 일을 제거하는 것만 못하다." **야율초재**

행복과 성공을 위해 우린 무언가를 더하려고 한다. 물질을 더하고, 지위를 더하고, 건강을 더하고, 소유를 더하면 행복할 것처럼 살아간다. 그러나 아이러니하게도 더하면 더할수록 탐욕스러워져서 지혜와 명철을 잃게 되고 멸망으로 치닫는다.

성경은 의인, 곧 참된 행복자는 오직 믿음으로 산다고 말씀한다. 이를 가로막는 것이 있으니, 죄 된 인간 본성이다. 죄 때문에 모든 인간은 저주와 죽음에 이른다. 이는 우리에게 복음이 왜 필요한가에 대한 전제이다. 바울은 로마서에서 인류의 죄를 고발한다. 타락한 이방인(롬 1:18~32)부터 시작하여, 교만한 유대인들(롬 2:1~16), 전 인류의 죄(롬 3:9~20)까지 점진적으로 고발한다.

결국 죄악 된 인간성이 문제다. 인생 행복과 승리를 위해서 무엇을 더하기보다 먼저 해되는 것을 제거하라. 이것이 지혜요, 구원이다. 인생에서 가장 큰 해가 되는 것은 죄이다. 하나님을 멀리하는 것이다. 감추어 둔 죄, 나와 하나님만 아는 죄, 가책되는 죄를 제거하라. 지금, 십자가 복음을 믿고 죄를 자백하라(시 51:9~10).

"죄의 고백은 우리를 겸손하게 만들며, 하나님과의 교통을 회복시킨다." **팀 켈러**

십계명(출 20:1~17)을 읽고 묵상하면서 나의 감추어 진 죄를 자백하자.

하나님을 알 만한 것

> 이는 하나님을 알 만한 것이 그들 속에 보임이라 하나님께서 이
> 를 그들에게 보이셨느니라 창세로부터 그의 보이지 아니하는
> 것들 곧 그의 영원하신 능력과 신성이 그가 만드신 만물에 분
> 명히 보여 알려졌나니 그러므로 그들이 핑계하지 못할지니라
> (1:19~20)

1968년 12월 24일, 아폴로 8호 우주 비행사들의 이야기이다. 지구를 떠나 달을 향하는 우주선 속에서 보어먼, 앤더스, 로벨은 찬란하고 영광스러운 우주를 보며 감격해서 창세기 1장을 낭독했다. "태초에 하나님이 천지를 창조하시니라…" 이어서 보어먼이 기도했다.

"하나님, 비록 인간이 잘못했을지라도 세상에서 주의 사랑을 발견할 수 있는 눈을 주소서. 우리가 비록 나약하고 무지하지만, 신앙과 신뢰와 선을 베푸소서. 우리에게 지식의 은혜를 베푸시어 지혜로운 마음으로 끊임없이 기도드리게 하소서." 그리고 성탄 인사로 마무리를 했다. "메리 크리스마스. 하나님의 축복이 여러분 모두에게, 지구의 여러분 모두에게 함께하기를!"

하나님은 태초부터 "하나님을 알 만한 것"을 계시하셨

다. 계시는 감추인 것이 드러나는 것이다. 세상에는 하나님을 알 만한 것 두 가지가 있다. 하나는 하나님께서 창조하신 우주 천지 만물이다. 또 하나는 하나님의 형상인 인간의 양심이다. 이것을 '자연 계시'라고 한다. 문제는 하나님의 형상이 죄로 인해 일그러지고 더럽혀졌다는 것이다. 하지만 타락한 인간에게도 하나님을 알 만한 양심이 있어 누구도 하나님을 모른다고 핑계할 수 없다(시 8:1).

> "하늘에는 무수한 별들이 반짝이고, 내 마음에는 양심의
> 도덕률이 빛나고 있다." **임마누엘 칸트**

일상의 사소한 것 하나하나에서 하나님의 임재를 느껴 보고 감사하자.

무신론은 없다

하나님을 알되 하나님을 영화롭게도 아니하며 감사하지도 아니
하고 오히려 그 생각이 허망하여지며 미련한 마음이 어두워졌나
니(1:21)

삼성의 창업자 故 이병철 회장은 별세 한 달 전에 영적 질문지를 남겼다고 한다. 거기에는 인간, 신, 종교, 세상에 관한 스물네 가지 질문이 담겨 있었다. 주요 질문은 이렇다.

"신의 존재는 어떻게 증명할 수 있는가? 신이 창조주임을 증명할 수 있는가? 신이 인간을 사랑했다면, 왜 고통과 죽음을 주었는가? 예수는 속죄하기 위해 죽었다는데, 죄는 무엇인가? 인간이 죽은 후에 천국이나 지옥으로 간다는 것을, 어떻게 믿을 수 있는가? 지구의 종말은 오는가?"

그 어떤 성공한, 부유한 인생이라도 인간은 어느 순간 실존적 질문에 봉착한다. 하나님을 찾는다. 왜일까? 하나님의 형상, 영혼이 있기 때문이다. 니체는 '초인간(超人間)'을 말했다. 하나님이 살아 있으면 인간은 부자유하다는 것이다. 하나님이 없다고 해야 가책 없이 살 수 있는 것이

다. 나를 정당화하기 위해서 하나님이 없다고 한다.

무신론자라고 하지만 사실 무신론은 없다. '불신론'이 있을 뿐이다. 하나님이 안 계신 것이 아니다. 부정할 뿐이다. 세상에 아버지 없는 자식이 어디에 있는가? 아버지가 없는 것이 아니라, 아버지를 부정할 뿐이다. 하나님이 살아 있다고 하면 제멋대로 살기 괴로우니, 애써 하나님이 없다고 부정하는 것이다. 하나님이 없다는 자의 극악한 상태가 1장에 열거되어 있다(롬 1:18~32). 마치 죄와 저주로 뒤엉켜 있는 지옥의 문을 열어 놓은 것과 같다.

"만약 하나님이 존재하지 않는다고 확신한다면 사람들은 못할 짓이 없다." **도스토옙스키**

나의 이웃 중 불신자를 생각하고, 그에게 복음 전하기를 기도하고 시도하자.

지옥의 입구에 서서

스스로 지혜 있다 하나 어리석게 되어(1:22)

단테의 『신곡(神曲)』 지옥 편을 보면 지옥은 아홉 층으로 되어 있다. 1층 림보(Limbo 변옥), 2층 음욕 지옥, 3층 식탐 지옥, 4층 탐욕 지옥, 5층 분노 지옥, 6층 이단 지옥, 7층 폭력 지옥, 8층 사기 지옥, 9층 배신 지옥이다. 이렇듯 지옥은 다양한 모습으로 그려지지만 사실 한 가지 공통점이 있다. "여기에 들어오는 그대여, 모든 희망을 버려라." 지옥의 입구에 적혀 있던 이 글귀대로 희망이 없는 곳, 그곳이 지옥이다.

본문에서 지적하는 적나라한 인간의 죄 된 모습은 네 가지이다. 하나, 진리 거부다(롬 1:18~20). 하나님을 거부하는 불신앙의 죄이다. 둘, 우상숭배다(롬 1:21~23). 종교적인 죄다. 하나님을 불신하고, 저급하고 비인격적인 존재에 매인 미신적 행위이다. 셋, 정욕의 노예이다(롬 1:24~27). 성적인 죄이다. 자기 욕망대로 살기에 온갖 음란

함이 나타난다. 넷, 부도덕한 삶이다(롬 1:28~32). 절대 기
준이 없는 이들은 마음의 죄(불의 추악 탐욕 악의), 관계적인
죄(시기 살인 분쟁 사기 악독), 언어적인 죄(수근거림 비방), 영
혼적인 죄(불신앙 능욕 교만 자랑), 행동적인 죄(악을 도모 부
모 거역 우매 배신) 감정적인 죄(무정 무자비)를 자행한다. 마
치 지옥의 문을 열어젖힌 것과 같다.

　이것이 인간 실존이다. 더는 희망이 없다. 이 모든 죄
는 한 가지 죄에서 나왔다. 하나님을 알지 못하는 죄이다.
스스로 지혜 있다 하면서도 하나님을 알지 못하는 것이
가장 어리석은 것이고, 구원받을 수 없는 가장 큰 죄이다
(시 49:20).

　"세상에는 한 가지 죄밖에는 없다. 그것은 무지이다."

　십자가 앞에서 정직하게 내 심령을 살피고 자백하
여 청결한 양심을 회복하자.

우상에서 해방되는 길

썩어지지 아니하는 하나님의 영광을 썩어질 사람과 새와 짐승과
기어다니는 동물 모양의 우상으로 바꾸었느니라(1:23)

우상숭배에는 다섯 가지 악이 공존한다. 하나, 죄를 정
당화하는 기만의 죄. 둘, 자신을 신적으로 높이는 교만의
죄. 셋, 쾌락을 추구하는 음란의 죄. 넷, 끝없이 욕심을 채
우는 탐욕의 죄. 다섯, 하나님을 거부하는 반역의 죄이다.
이처럼 우상숭배는 가장 극악한 죄이다. 개인뿐 아니라
민족과 나라까지 멸망하게 만든다(시 106:19~21, 35~36). 그
래서 하나님은 우상숭배를 끊임없이 경계하고, 금하신다
(출 20:3~5). 오직 하나님만 섬길 것을 명하신다(마 4:10).

우상이란 무엇인가? 우상은 만들어진 거짓 신이요 악
한 신이다. 하나님을 부정하는 취향, 종교, 전통, 문화 사
조이다. 하나님보다 더 사랑하는 관계, 소유, 성공이다.
집착하는 취미, 습관, 악습이다. 끝없이 소유하고자 하는
욕심, 탐욕이다(골 3:5). 직업, 가정, 육체, 감정, 관계, 재산
등 무엇이든 우상이 될 수 있다. 오죽하면 개혁자 칼뱅이

"인간의 마음은 우상을 만드는 공장이다"라고 했겠는가.
우리는 이 우상에서 어떻게 해방될 수 있을까?

> "입은 한 가지 맛을 강하게 느끼면 앞선 맛은 사라진다.
> 마찬가지로 우상에서 해방되는 길은 그보다 더 강한 능
> 력이 내게 들어와 그것을 쫓아내는 것이다. 수많은 성
> 도가 이를 증언했다. 예수 그리스도 안에 믿음을 통하여
> 자녀의 영이 우리에게 부어진다. 그때 내 마음은 지난날
> 욕망의 폭정으로부터 해방된다. 이는 크고 강력한 성령
> 의 통제 아래 있는 것이다. 오직 이 방법으로만 해방될
> 수 있다." **토마스 찰머스**

오늘 나의 우상은 무엇인지 하나님께 묻고, 회개와
찬양으로 우상에서 벗어나자.

타는 갈증에 소금을 찾는 격

그러므로 하나님께서 그들을 마음의 정욕대로 더러움에 내버려
두사 그들의 몸을 서로 욕되게 하게 하셨으니 이는 그들이 하나
님의 진리를 거짓 것으로 바꾸어 피조물을 조물주보다 더 경배하
고 섬김이라 주는 곧 영원히 찬송할 이시로다 아멘(1:24~25)

인간은 둘 중 하나다. 하나님을 믿는가, 우상을 믿는
가. 우상숭배는 하나님을 부정하고 다른 것을 숭배하기에
우상 중심으로 모든 것을 정당화한다. 우상숭배에는 회개
가 없다. 하나님이 없으니 양심과 돌이킴이 없다. 제멋대
로 행한다. 거리낌 없이 육체의 쾌락을 찾는다. 도덕, 윤
리, 법도를 개의치 않고 그들의 몸을 욕되게 한다. 비뚤어
진 성 의식, 착취, 폭력에 이른다. 부끄러운 줄도, 더러운
줄도, 망하는 줄도 모르고 정욕대로 몸을 욕되게 한다.

그 결과는 참혹하기 이를 데 없다. 타락한 정욕으로 말
미암아 정신 질환, 인격 파탄, 가정 파괴, 증오, 살인, 저
주, 멸망에 이른다(삼하 11:1~15, 13:1~22, 롬 1:27). 타락한 정
욕에는 반드시 그에 상응하는 무서운 저주가 임한다(잠
5:3~4). 그뿐만 아니라 정욕으로는 결코 참된 만족과 행복

을 누릴 수가 없다. 인간이 누려야 할 가장 근원적인 쾌락은 하나님에게서 온다. 하나님으로 만족을 누리는 자만이 정욕의 쾌락을 이길 수 있다(딤후 2:22).

"정욕은 갈증으로 죽어 가는 사람이 소금을 찾아 헤매는 격이다." **프레드릭 비크너**

내 속에는 어떤 정욕의 죄가 있는지 살피고, 지금 참회하고, 끊어 내고, 돌이키자.

버려두지 않은 은혜

이 때문에 하나님께서 그들을 부끄러운 욕심에 내버려 두셨으니 곧 그들의 여자들도 순리대로 쓸 것을 바꾸어 역리로 쓰며 그와 같이 남자들도 순리대로 여자 쓰기를 버리고 서로 향하여 음욕이 불 일듯 하매 남자가 남자와 더불어 부끄러운 일을 행하여 그들의 그릇됨에 상당한 보응을 그들 자신이 받았느니라 또한 그들이 마음에 하나님 두기를 싫어하매 하나님께서 그들을 그 상실한 마음대로 내버려 두사 합당하지 못한 일을 하게 하셨으니(1:26~28)

그는 교회 집사였고 성가대 대원으로 봉사하던 친구였다. 한동안 교회에 나오지 않았다. 하루는 길에서 그를 만났다. 어찌 된 일이냐고 묻자, 그는 머뭇거리더니 말을 잇는다. "한두 주일은 교회를 빠지니 괴롭더니, 점차 마음이 둔해져서 죄를 짓게 되었습니다. 자꾸 어둠의 길로 갑니다. 이러면 안 되는데…" 그동안 죄에 빠져 고생한 이야기를 눈물로 한다. 참으로 은혜이다. 하나님께서 그를 상실한 마음에 버려두지 않으신 것이다.

상실한 마음을 가진 사람은 하나님을 찾지 않는다. 그는 양심도, 두려움도, 부끄러움도 없다. 비인간화로 치닫는다. 우상숭배로(23절), 정욕으로(26~27절), 부도덕한 삶으로 빠져든다(29~31절). 결국 그는 겉모습이 어떠하든 가장 불쌍한 인생을 살아간다.

죄 가운데 있을 때 두렵고, 교회를 안 나가면 마음이 불편하다는 것은 아직 하나님과의 관계가 완전히 끊어지지 않았다는 증거다. 상실한 마음에 버려지지 않은 것이다. 큰 은혜이다. 주의 은혜가 임한 것이다. 우리는 유혹과 시험에 빠져 미련하고 완악한 마음이 되기 십상이다. 버려지지 않도록 굳은 마음을 제거하고 정결하고 부드러운 마음을 유지해야 한다(겔 36:26, 마 11:29).

> "나를 도와주소서. 주님의 도움을 감지하게 하시고, 느끼게 하셔서 내 신앙이 더 강해지게 하소서. 내가 주님의 권능을 기다립니다." **마틴 루터**

상실한 마음이 내게는 없는지 살피고, 정결하고 온유하고 겸손한 마음을 회복하자.

변하지 않는 항심

또한 그들이 마음에 하나님 두기를 싫어하매 하나님께서 그들을
그 상실한 마음대로 내버려 두사 합당하지 못한 일을 하게 하셨
으니 곧 모든 불의, 추악, 탐욕, 악의가 가득한 자요 시기, 살인, 분
쟁, 사기, 악독이 가득한 자요 수군수군하는 자요 비방하는 자요
하나님께서 미워하시는 자요 능욕하는 자요 교만한 자요 자랑하
는 자요 악을 도모하는 자요 부모를 거역하는 자요 우매한 자요
배약하는 자요 무정한 자요 무자비한 자라(1:28~31)

세상의 죄는 하나로 귀결된다. 그것은 하나님을 알지
못하는 무지다. "그들이 마음에 하나님 두기를 싫어하매"
무지가 불신앙으로, 우상숭배로, 정욕의 노예로, 부도덕
한 삶으로, 인생의 각 영역에 악한 것으로 치닫는다. 이
죄를 하나님은 반드시 심판하신다(롬 1:18).

죄에 대한 심판은 세 가지이다. 첫째, 즉각적 심판이
다. 하나님께서는 주의 존엄과 교회의 거룩을 지키기 위
하여 본보기로 즉각 진노하시는 경우가 있다. 초대교회
아나니아 부부(행 5:1~11)가 그 경우다. 둘째, 유보적 심판
이다. 죄인이 돌아오기를 길이 참으시는 하나님의 자비와
긍휼로 인하여 심판이 유보된 상태이다(애 3:22). 그러나

짐짓 죄의 길로 계속 나아가면 결국 진노가 임한다. 셋째, 폐기적 심판이다. 본문과 같이 하나님이 버리신 것이다. 무슨 짓을 하든 내버려 두는 것이다(롬 1:24~26). 구약의 사울 왕, 신약의 가룟 유다가 그 예이다(삼상 16:1, 막 14:21, 요 13:27). 이러한 하나님의 진노는 죄를 징계하기 위한 것이지만, 동시에 하나님의 신실하신 사랑과 은혜를 이해하고 받아들이기 위한 기회이기도 하다.

> "주님의 신실하심이 항상 함께하소서. 나의 주 하나님, 변하지 않는 항심(恒心)을 저에게 주소서. 우리를 모든 곤경에서 구해 주소서." **요수아 슈테그만**

나는 혹 버려두는 심판 가운데 있지 않은지 살핀 후, 주를 향한 항심을 구하자.

존재의 용기

> 그들이 이같은 일을 행하는 자는 사형에 해당한다고 하나님께서 정하심을 알고도 자기들만 행할 뿐 아니라 또한 그런 일을 행하는 자들을 옳다 하느니라(1:32)

　세상은 죄를 죄라고 하지 않는다. 죄에 대해 정당화한다. 왜 그런가? 그것을 판단하는 사람도 같은 죄인이기 때문이다. 죄를 부정해야 내 죄도 죄가 아닌 것이 된다. 그래서 너도나도 죄를 정당화한다. 이것이 포스트모더니즘의 그림자이다. 절대 기준에 의하지 않고 자기 기준에 의해 옳은 것이 된다. 세상은 온통 죄에 대한 자기합리화와 변명이 난무한다. "병리적 현상이다. 사회적 관행이다. 잘못된 제도이다. 소수자의 인권이다. 과보다는 선이 크다"라며 죄를 정당화한다.

　그러나 하나님은 죄를 죄라고 하신다. 죄를 엄히 지적하신다. 성경이 그것은 죄라고 말씀한다. 양심이 나를 고발하고, 정죄한다. 그렇게 살면 안 된다고 책망한다. 하나님은 속일 수가 없다. 계속 변명하고 정당화하여 가책이 없어지면 그는 버려진 자이다. 두려운 마음, 회개의 기회가 주어지는 것보다 큰 은혜는 없다. 회개는 축복이다.

회개는 아무나 할 수 없다. 하나님께서 회개의 믿음, 겸손, 용기를 주셔야만 회개로 나갈 수 있다(대상 21:8). 특히 용기가 없으면 회개하지 못한다. 자신의 실체를 마주할 용기, 온 생애를 건 '존재의 용기'가 있는 자만이 회개로 나설 수 있다. 치명적인 실패는 범죄 때문이 아니다. 참된 회개가 없기 때문이다. 지금이 회개의 시간이고, 구원의 날이다(고후 6:2).

"11시까지 기다려 회개하겠다는 사람은 10시 55분에 죽는다."

변명하지 말고, 십자가 대속을 믿음으로 지금 존재의 용기를 가지고 회개하자.

2

다시 깨어나는 시간
2월

땅 밑에서, 들판에서, 나목 가지에서

소리 없이 깨어나는 이 순간,

우리도 마음을 일깨워

꿈을 이루러 나갈 준비를 하자.

선을 행하는 각 사람에게는 영광과 존귀와
평강이 있으리니(롬 2:10)

♦ 빈 의자는 나와 함께하시는 그리스도를 뜻한다.

01 위대한 사람

> 그러므로 남을 판단하는 사람아, 누구를 막론하고 네가 핑계하지
> 못할 것은 남을 판단하는 것으로 네가 너를 정죄함이니 판단하는
> 네가 같은 일을 행함이니라(2:1)

성경은 사람을 향해 죄악 덩어리라고 말씀한다(롬 1:28~31). 악한 사회상과 끔찍한 범죄들을 보며 우리는 그 말씀을 몸으로 실감한다. 아니, 경악한다. 한편 나름 도덕적으로 선하게 살아온 이는 얼굴을 찌푸리며 나랑 상관없는 것인 양 터부시하며 정죄하고 비난한다.

> "하나님을 알지 못하면 나 자신을 알지 못한다. 우리는
> 나면서부터 교만한 마음을 지니고 있으므로 언제나 자
> 신을 의롭고 현명하며 거룩하다고 생각한다." 장 칼뱅

하나님을 아는 사람은 그럴 수 없다. 그는 죄악이 자기 안에도 있음을 본다. 자기 역시 악한 죄인임을 안다(사 6:5, 눅 5:8). 오히려 더 큰 죄인임을 깨닫는다(딤전 1:15). 사실 죄에 물든 인간은 죄를 판단하거나 정죄할 능력이 없

다. 그래서 주님은 비판을 엄히 경계하셨다(마 7:1~2). 하나님을 알고, 십자가 앞에 서는 자는 오직 "키리에 엘레이손, 주여 나를 불쌍히 여기소서"라고 고백할 뿐이다.

> "자신의 죄를 인식하는 사람은 죽은 이를 살린 사람보다도 훨씬 더 위대한 사람입니다. 한 시간 동안 자신의 죄에 대해 울 수 있는 사람은 온 세상 사람을 가르치는 것보다 더 위대한 사람입니다. 자신의 허물을 아는 사람은 누군가에게 천사를 보여 주는 사람보다 더 위대한 사람입니다." **이삭 폰 니니베**

그동안 남을 판단 비난 정죄했던 것을 돌아보고, 이제 자신의 죄와 허물에 대해서 울자.

02 더 큰 죄인 더 큰 은혜

이런 일을 행하는 자에게 하나님의 심판이 진리대로 되는 줄 우리가 아노라 이런 일을 행하는 자를 판단하고도 같은 일을 행하는 사람아, 네가 하나님의 심판을 피할 줄로 생각하느냐(2:2~3)

오랫동안 같은 헬스장을 다녔다. 인근 교회 성도들이 알아보고 인사하는 바람에 내가 목사인 것을 대부분 알게 되었다. 늘 부담스럽고 조심스럽다. 한번은 S교회 교인이 나에게 달려와 반갑게 인사한다. "목사님을 뵈면 기분이 좋아져요. 목사님 얼굴은 늘 평온하고, 은혜가 넘쳐 보여요." 나는 손사래를 치며 대답했다. "저랑 안 살아 봐서 그래요. 제 아내가 들었으면 비웃을 것입니다. 형제님에게 은혜가 있어서 은혜롭게 본 것입니다."

인간은 다 죄인이다. 이방인은 드러난 죄인이고, 유대인은 들키지 않은 죄인이다. 이방인은 모르고 죄를 지었고, 유대인은 뻔히 죄인 줄 알고도 지었다. 누가 더 큰 죄인인가? 유대인, 그들이 더 큰 죄인이다. 나는 어떤가? 크리스천이면서도 일마다 합리화하고 때마다 핑계 대며 여전히 죄를 짓고 있지는 않은가? 세상 어떤 죄인보다 더 큰

로마서 365
다시 깨어나는 시간

죄인이다. 여기에 놀라운 역설이 있다. 내가 죄인임을 고백하면 할수록 더 큰 구원의 은혜에 감격하고 감사하게 된다.

> "나의 반역을 내가 잘 알고 있으며, 내가 지은 죄가 언제나 나를 고발합니다. (중략) 주님께서 베푸시는 구원의 기쁨을 내게 회복시켜 주시고, 내가 지탱할 수 있도록 내게 자발적인 마음을 주십시오." **시 51:3~12(새번역)**

남이 알지 못하는 나의 허물까지 내어놓고, 하나님께 기도로 더 깊이 나아가자.

구원받지 못하는 죄

> 혹 네가 하나님의 인자하심이 너를 인도하여 회개하게 하심을 알
> 지 못하여 그의 인자하심과 용납하심과 길이 참으심이 풍성함을
> 멸시하느냐(2:4)

기독교인이 흔히 빠지는 두 가지 함정이 있다. 하나는 종교 생활이다. 예수와의 인격적 만남 없이 교회에 속하여 나름대로 선하게 사는 것이다. 이들은 자신의 도덕적 기준에 의해 이웃을 판단하고 정죄한다.

또 하나는 죄에 대한 합리화다. 은밀하게 부끄러운 죄를 지으면서도 하나님의 심판을 짐짓 무시한다. '하나님은 사랑'이라고 말하면서 성경 지식을 자신에 맞게 왜곡한다. 급기야 성경의 역사적 사건과 말씀을 신화 또는 농담으로 여긴다.

이는 양심의 병리 현상이다. 양심이 둔해지면 내 죄를 알지 못한다. 다른 사람을 비난 정죄한다. 성령의 감화를 감지 못한다. 주의 말씀이 들리지 않는다. 양심이 마비된다. 말씀을 무시한다. 신화나 농담처럼 여긴다. 하나님을 의도적으로 멸시 훼방 대적한다.

하나님은 은혜가 풍성한 분이시다. 인자와 용납, 길이 참음이 풍성하시다. 하지만 하나님을 의도적으로 멸시 훼방 대적하는 자는 간과하지 않으신다. 그는 성령을 훼방하는 자이기 때문이다(마 12:31). 하나님의 진노가 이미 그에게 부지중에 임하였다(창 19:14, 갈 6:7~8). 십자가 속량을 믿지 않고, 회개하지 않기에 그에게는 구원의 은혜가 임할 수 없다.

"이제 나는 죄 가운데 서서 어찌할 바를 모르고, 오직 주님과 주의 은총만을 바라고 있습니다. 오 키리에 엘레이손, 주여 나를 불쌍히 여기소서." **아르노 피츠**

나에게는 양심의 병리 현상이 없는지 살피고, 양심이 둔해지지 않도록 철저히 회개하자.

사랑하지 않고 늙어 버린 죄

다만 네 고집과 회개하지 아니한 마음을 따라 진노의 날 곧 하나
님의 의로우신 심판이 나타나는 그 날에 임할 진노를 네게 쌓는
도다(2:5)

기독교 신앙생활은 한 마디로 '관계'다. 하나님과 사랑
의 관계, 이웃과 사랑의 관계를 맺는 것이다(마 22:37~40).
우리는 죄인이라 이 사랑의 관계를 자주 깨뜨린다. 거듭
난 자녀일지라도 인간의 죄성과 한계로 인해 실수하고 죄
를 짓곤 한다. 이때 주의 영 성령께서 주시는 감화가 있으
니 곧 죄인 됨의 탄식이요, 회개이다.

신앙이 좋다는 것은 자주 회개하여 이 사랑의 관계를
유지한다는 것이다. 이 사랑의 관계 안에서 행하지 않는
모든 일은 아무리 선행처럼 보여도 하나님의 일이 아니
다. 자신의 의, 자랑, 과시, 교만, 욕망, 탐욕일 뿐이다. 하
나님 사랑, 아가페 사랑으로 행하지 않는 모든 것은 다 죄
다. 그것은 선행, 축복이 아니라 도리어 그날에 임할 진노
를 쌓는 것이다.

개혁자 칼뱅은 "회개하지 않는 인간들의 경우, 이 세상

에서 하나님으로부터 받은 좋은 것들이 오히려 하나님의
심판 시 정죄당함의 크기를 증가시킬 것"이라고 했다. 우
리를 심하게 망가뜨리는 것은 사랑 없는 선행이다. 선행
처럼 보이는 교묘함이 더욱 불행하게 한다.

> "현상수배범 전단지 사진 속에/ 내 얼굴이 있었다/ 안경
> 을 끼고 입꼬리가 축 처진 게/ 영락없이 내 얼굴이었다/
> 내가 무슨 대죄를 지어/ 나도 모르게 수배되고 있는지
> 몰라/ 벽보판 앞을 평생을 서성이다가/ 마침내 알았다/
> 당신을 사랑하지 않은 죄/ 당신을 사랑하지 않고/ 늙어
> 버린 죄" **정호승, 어느 벽보판 앞**

진실로 사랑하지 않고 늙어 버린 것은 아닌지 내 삶
을 돌아보고 사랑을 회복하자.

05 귀천을 기다리며

하나님께서 각 사람에게 그 행한 대로 보응하시되(2:6)

인생은 심판적이다. 내 삶과 인생이 날마다 판단되고 심판된다. 하나, 나 자신이 나를 심판한다. 민감성의 차이가 있지만 내 양심이 나를 심판한다. 죄 가운데 있으면 스스로 정죄하고 부끄러워하고 두려워한다. 둘, 이웃이 나를 심판한다. 나의 삶을 보고 '저 사람은 어떤 사람이다'라고 판단한다. 말은 하지 않지만 이미 다 판단하고 나를 어떻게 대해야 할지 생각한다.

셋, 역사가 나를 심판한다. 내 죽음 앞에서 나와 함께했던 공동체가 심판한다. 지도자에게는 더 준엄한 심판이 있다. 넷, 하나님께서 나를 심판한다. 누구든 죽음 후에는 하나님 앞에 설 것인데, 그날 심판하신다. 착하고 충성된 종은 생명의 면류관으로 악하고 게으른 종은 영원한 사망으로 심판하신다(갈 6:7~8). 우리는 이 사실을 의식하며 한 세상 살다가 주께서 부르시면 귀천(歸天)해야 한다.

"나 하늘로 돌아가리라/ 새벽빛 와 닿으면 스러지는/ 이슬 더불어 손에 손을 잡고/ 나 하늘로 돌아가리라/ 노을빛 함께 단 둘이서/ 기슭에서 놀다가 구름 손짓 하며는/ 나 하늘로 돌아가리라/ 아름다운 이 세상 소풍 끝내는 날/ 가서, 아름다웠더라고 말하리라" **천상병, 귀천**

나 자신과 이웃과 역사, 그리고 무엇보다 하나님 앞에 부끄럽지 않도록 오늘도 믿음으로, 거룩으로, 사랑의 수고로, 소망의 인내로 살아야겠다(딤후 4:5~8).

귀천을 준비하며 오늘 하루 어떻게 살 것인지 생각하고 실천하자.

자녀가 누리는 복

참고 선을 행하여 영광과 존귀와 썩지 아니함을 구하는 자에게는
영생으로 하시고 **(2:7)**

예수 믿음의 큰 복 중 하나가 정체성의 확신이다. 정체
성, 그것은 내가 누구인지를 아는 것이다. 나를 알기에 무
엇을, 어떻게, 왜 구하는 것인지도 알며 산다. 나는 누구
인가? "나는 사랑받는 하나님의 자녀이다." 이 자녀 됨의
확실한 증거는 하나님을 '아바 아버지'라고 부르는 것이다
(롬 8:15).

하나님 자녀는 삶의 지향(志向)이 다르다. 세상의 썩어
질 것을 구하지 않는다. 썩지 않는 하나님의 영광과 존귀
를 구하여 산다(마 6:33). 그 안에 그리스도의 생명인 영생
이 있기 때문이다(요 3:16).

또한 삶의 방식도 전혀 다르다. 무엇에든지 사랑과 선
을 추구한다. 살기 위해서 죽고, 얻기 위해서 주고, 높아
지기 위해서 낮아지고, 부요하기 위해서 나누고, 승리하
기 위해서 섬긴다. 세상이 악할 수록 선으로 악을 이긴다.

모든 것은 내가 아니요, 내 안에 거하시는 성령을 힘입어
소망과 인내와 기도로 이기게 하신다(롬 12:12, 약 1:4).

> "햇빛이 너무 맑아 눈물 납니다. / 살아 있구나 느끼니 눈
> 물 납니다. / 기러기 떼 열 지어/ 북으로 가고/ 길섶에 풀
> 들도 돌아오는데/ 당신은 가고 그리움만 남아서가 아닙
> 니다. / 이렇게 살아 있구나 생각하니/ 눈물 납니다." **도종
> 환, 다시 오는 봄**

시인의 고백처럼 하나님 자녀로서 내가 살아 있구나,
이렇게 살아 날마다 주님과 동행하는구나 생각하니 내 눈
에서도 눈물이 난다(계 3:20).

하나님 자녀로서 정체성을 회복하고, 세상과 다른
복된 삶을 살기로 결단하고 기도하자.

07 가장 악한 자

오직 당을 지어 진리를 따르지 아니하고 불의를 따르는 자에게는
진노와 분노로 하시리라(2:8)

누가 가장 악한 자일까? 내가 아는 한 그 누구보다 더
악한 자가 있다. 그는 예수를 믿는다고 하면서도 진리를
따르지 않는 자이다. 예수를 알면서도 실제로는 믿지 않
고 진리 안에 거하지 않는 자, 그가 가장 악한 자이다.

생각해 보라. 예수를 주 하나님이라고 하면서 어떻게
거짓되게, 무례하게, 탐욕스럽게 산단 말인가? 어떻게 그
리스도의 몸인 교회에서 욕하고, 싸우고, 당 짓고, 대적하
고, 원수로 살아갈 수 있단 말인가? 이는 예수님을 믿지
않는 것이다. 진정으로 믿지 않으니 두려운 것이 없고, 못
할 짓이 없는 것이다.

한 기자가 존경받는 원로 목사에게 요즘 한국 교회가
지탄받는 현실에 대해 안타까움을 토로하자 그는 이렇게
말했다고 한다. "목사들이 예수를 믿어야 한다. 그것밖에
는 답이 없다." 이어서 한국 교회가 나아갈 방향과 역할

에 대해, 부흥과 다음 세대에 대해서도 물었다. 그의 대답
은 똑같았다. "한국 교회가 예수를 잘 믿는 것 외엔 답이
없다."

　　말이 아니라 실제로 예수를 믿자. 내가 예수 잘 믿고
있음을 삶으로 보여 주자. 용서로, 화목으로, 섬김으로,
나눔으로 나는 죽고 그를 살리는 십자가 사랑을 보여 주
자. 그렇지 않으면 내가 가장 악한 자로 하나님의 진노를
받게 될 것이다(마 7:21, 26:41~43).

　　내가 혹 가장 악한 자가 아닌지 돌아보고, 오늘 하
루 진실로 믿는 자임을 보이자.

유다냐, 베드로냐

악을 행하는 각 사람의 영에는 환난과 곤고가 있으리니 먼저는
유대인에게요 그리고 헬라인에게며 선을 행하는 각 사람에게는
영광과 존귀와 평강이 있으리니 먼저는 유대인에게요 그리고 헬
라인에게라(2:9~10)

악을 행하는 자와 선을 행하는 자의 기준은 무엇인가?
누가 악한 자고, 누가 선한 자인가? 그 기준은 바로 회개
다. 회개하지 않고 믿지 않는 자, 그는 악한 자다. 그에게
는 환난과 곤고와 패망이 있다. 그러나 회개하고 믿는 자,
그는 선한 자이다. 그에게는 영광과 존귀와 평강의 은혜
가 있다.

유다와 베드로를 보라. 두 사람 다 처음에는 예수의 사
랑받는 제자였다. 유다는 재정을 맡은 신임받은 제자였
고, 베드로는 누구보다 으뜸가는 제자였다. 이 둘은 모두
예수님을 배신했다. 유다는 은 삼십에 예수를 팔았다. 베
드로는 세 번이나 예수를 모른다고 부인했다.

하지만 그들의 결말은 달랐다. 둘은 악한 자와 선한
자로 갈라졌다. 무슨 차이일까? 유다는 후회했지만 회개

하지 않았다. 예수를 믿지 않고 결국은 등지고 떠났다(요 13:30). 반면 베드로는 회개했다. 다시 예수를 바라보고 따랐다(눅 22:62). 이렇듯 회개하지 않고 믿지 않는 자는 악한 자로 멸망에 이른다. 회개하고 믿는 자는 선한 자로 영생에 이른다(막 8:34).

"진리의 말씀이시고 맑은 샘이신 주님, 우리의 어두운 눈을 밝히셔서 우리가 하나님을 길을 보고, 이 세상에서 길을 잃지 않게 하소서." **율리우스 슈투룸**

나도 베드로처럼 회개하여 날마다 선한 자로서 주를 따르자.

02
09 　중심을 보신다

이는 하나님께서 외모로 사람을 취하지 아니하심이라(2:11)

　하나님은 외모가 아니라 중심을 보신다. 나를 다 알
고 계신다. 이 사실을 접할 때 감사하고, 기뻐하고, 충만
하고, 위로받고, 감격하는 이가 있을 것이다. 반대로 자기
거짓과 위선, 악함이 드러나 두려워하며 숨고 싶은 자가
있을 것이다(눅 12:2, 히 4:13). 나는 어떤가?

　주님께서는 한 여인에게 말씀하셨다. "온 천하에 어디
서든지 이 복음이 전파되는 곳에서는 이 여자가 행한 일
도 말하여 그를 기억하리라"(마 26:13) 한 세리에게 말씀하
셨다. "내가 오늘 네 집에 유하여야 하겠다"(눅 19:5) 십자
가 위에서 한 죄인에게 말씀하셨다. "오늘 네가 나와 함께
낙원에 있으리라"(눅 23:43)

　이처럼 주께서는 사람의 겉모습을 보지 않으신다. 주
님의 눈에는 우리의 외모, 소유, 지위가 중요하지 않다.
주님은 그 중심을 보고 다 아신다. 그 마음을 중요하게 보

신다. 오직 믿음으로 주님의 뜻을 받들고 있느냐를 귀하게 여기고, 이에 합당한 복을 주신다.

> "주님, 당신께 숨길 수 있는 것은 아무것도 없습니다. 주님은 내 존재 모두를 보고 계십니다. 어제와 오늘 그리고 내일이 주님의 광채로 밝게 빛이 납니다. 주님은 나의 모든 것을 알고 계십니다. 내가 쉬거나 걷거나 앉아 있거나 서 있거나 주님은 나의 모든 것을 알고 계십니다." **마리아 루이스 튀르메르, 참고 렘 12:3**

주님께서 내 중심을 보면 뭐라고 하실지 생각해 보고, 진실로 주님을 믿자.

신비한 구원

무릇 율법 없이 범죄한 자는 또한 율법 없이 망하고 무릇 율법이
있고 범죄한 자는 율법으로 말미암아 심판을 받으리라(2:12)

이상한 일이 하나 있다. 사람은 나이 지식 소유 직위
지역 민족에 상관없이 누구나 그 처한 현실에서 죄를 짓
는다는 것이다. 교묘히 은밀하게 작죄(作罪)한다. 똑똑하
면 똑똑한 대로, 무지하면 무지한 대로, 부유하면 부유한
대로, 가난하면 가난한 대로 죄를 짓는다. 왜 그런가? 사
람이 죄성을 가진 본질상 진노의 자녀(엡 2:3)이기 때문이
다. 율법 없는 자는 없는 대로 율법 있는 자는 있는 대로,
죄를 짓고 멸망한다. 인간은 다 죄인이요 죽음에 이르는
자이다.

여기, 신비한 일이 하나 있다. 바로 예수 십자가다. 그
는 '세상 죄를 지신 하나님의 어린양'(요 1:29)으로 단번에
인간의 죄를 속량하셨다. 이를 믿는 자는 세 가지가 변한
다. 하나, 존재가 바뀐다. 죄의 종으로 살던 자가 하나님
자녀가 된다(요 1:12). 둘, 목적이 바뀐다. 나만 알던 탐욕

적인 자가 주의 나라와 의를 위해 산다(롬 14:8). 셋, 능력
이 바뀐다. 늘 실패와 좌절 속에 살던 자가 주의 능력으로
넉넉히 이기며 산다(요 15:7). 그리하여 믿는 자는 이렇게
고백한다.

"예수 믿고 술, 담배, 마약 중독에서 벗어났어요. 거짓,
도둑질, 음란의 악한 습관이 없어졌어요. 걱정보다는 기
도하며 살아요. 어려워도 평안하고 감사해요. 섬기며 선
교하고 살아요. 모든 것이 다 주의 은혜입니다!"

이 얼마나 신비한 구원의 은혜인가!

내게 임한 신비한 구원을 생각하며 글과 말로 표현
하고 다른 이에게 전해 보자.

희망을 밝히는 한 사람

하나님 앞에서는 율법을 듣는 자가 의인이 아니요 오직 율법을
행하는 자라야 의롭다 하심을 얻으리니(2:13)

유대인 랍비 교훈에 이런 글이 있다. "율법을 많이 배
우고 아는 것이 의(義)이다." 이 글의 본뜻은 정말로 많이
알면 그대로 행한다는 것이다. 제대로 알지 않았기 때문
에 행하지 않는 것이지, 하나님 말씀을 제대로 알기만 하
면 순종할 수밖에 없다. 그리고 이렇게 묵묵히 의를 행하
며 순종하는 한 사람에 의해 어두운 세상에 희망이 밝아
오는 것이다.

『나무를 심은 사람』이라는 소설이 있다. 이야기 속 주
인공은 한때 사람들이 살았지만, 황무지로 변한 곳을 찾
아간다. 그곳에서 나무를 심고 있는 한 노인을 만난다. 노
인은 저녁이면 도토리를 세심하게 선별하여 좋은 것을 골
라 두었다가 날이 밝으면 양 떼를 데리고 나가 광야에 도
토리를 묻곤 했다. 아무도 그에게 그 일을 하라 않았고,
누구도 그의 수고를 알아주지 않았다.

　　수십여 년이 지난 후, 전쟁의 소용돌이에서 빠져나온 주인공이 다시 그곳을 찾았을 때 그 황무지는 무성한 숲으로 바뀌어 있었다. 개울이 흐르고 새가 모여드는 푸르고 푸른 희망의 숲이었다. 많은 사람이 이 놀라운 기적을 보기 위해 몰려들었다.

　　하지만 그 모든 것이 한 늙은 목동의 수고에서 비롯되었다는 사실을 아는 사람은 아무도 없었다. 그는 '이기적이지 않고' '보상을 바라지 않고' '나만의 믿음의 길'을 간 것이다. 오늘도 희망은 이렇게 하나님 앞에서 묵묵히 의를 행하는 한 사람을 통해 온다(잠 21:3, 마 6:1).

나는 하나님을 아는지 돌아보고, 오늘 있는 자리에서 묵묵히 의를 행하기로 결단하자.

청결한 양심

> 율법 없는 이방인이 본성으로 율법의 일을 행할 때에는 이 사람
> 은 율법이 없어도 자기가 자기에게 율법이 되나니 이런 이들은
> 그 양심이 증거가 되어 그 생각들이 서로 혹은 고발하며 혹은 변
> 명하여 그 마음에 새긴 율법의 행위를 나타내느니라(2:14~15)

세상에 하나님을 알 만한 것(롬 1:19)이 있다. 천지 만
물 자연과 인간의 양심이다. 일반적으로는 우리 안에 있
는 "양심이 증거가 되어" 선을 알고 행하게 한다.

문제는 양심이 죄로 더럽혀지고, 타락했을 때 발생한
다. 깨어진 거울처럼 양심이 왜곡되고 어그러져서 잘못
작동한다. 곧 화인 맞은 양심(딤전 4:2, 딛 1:15)이다. 화인
맞은 양심은 어떠한가? 선인 줄 알면서도 거부하고 거역
한다. 계속 거짓을 말하고 행한다. 죄책감과 수치심 없이
악한 행위를 일삼는다. 교활하고 잔인한 악행으로 치닫는
다. 바로 왕과 가룟 유다가 전형이다.

반대로 청결한 양심(딤전 1:5, 딤후 1:3)도 있다. 선한 양
심은 가난한 마음으로 하나님을 바라보고 사모한다. 작은
거짓과 허물에도 가책을 느끼고 돌이킨다. 불의에 대해

대적하고 선한 싸움을 한다. 진리와 빛 가운데 교제한다. 다윗 왕(시 51:10~12)과 디모데가 전형이다. 그렇다면 나의 양심은 어떠한가? 과연 하나님을 알 만한 선하고 청결한 양심인가?

"주님, 내 안에 새로운 영을 부어 주셔서, 주님께 즐거이 순종하게 하소서. 주님께서 원하시는 것 외에는 아무것도 원하지 않습니다. 주님 새로운 영으로 내 마음을 채우소서." **요한 프리드리히 루오프**

청결한 양심, 선한 양심을 회복하여 주님을 더 알고 사랑하게 해 달라고 기도하자.

02

13 그날의 자화상

> 곧 나의 복음에 이른 바와 같이 하나님이 예수 그리스도로 말미
> 암아 사람들의 은밀한 것을 심판하시는 그 날이라(2:16)

복음은 언제나 구원과 심판이 함께 간다. 복음이신 그리스도는 의(義)요 빛이기에, 복음이 나타나는 곳에는 반드시 죄악과 어둠이 심판받기 마련이다. 복음의 심판은 과거, 현재적이면서(요 3:18, 계 16:5) 동시에 종말적이다. 이 종말론적 심판, 그날에는 아무리 그럴듯하게 선한 말과 행동으로 포장할지라도 마음의 생각과 은밀한 것을 살피시는 하나님께서 하나도 남김없이 다 드러내는 완벽한 진노의 심판이 임한다(마 16:26, 고전 4:5).

로마 시스티나 성당에 가면 미켈란젤로의 〈천지창조〉와 〈최후의 심판〉이 있다. 〈최후의 심판〉은 단테의 『신곡』에 나오는 최후의 심판을 주제로 그린 말년의 걸작이다. 그림 속에는 391명의 인물이 심판주 그리스도의 주변을 둘러싸고 있다. 그 양옆과 위에는 천국의 사람들이, 밑에는 지옥에 떨어진 사람들이 나온다. 중간에 나오는 사

람들은 연옥에서 심판을 기다리는 중이다.

이 가운데 가장 눈에 띄는 인물은 지옥으로 떨어지려는 찰나 늘어진 몸의 가죽을 잡혀 천국으로 끌어올려지는 공포에 찬 얼굴을 한 사람이다. 바로 미켈란젤로의 자화상이다. 이유인즉, 하나님이 주신 재능을 욕심으로 낭비했다는 생각에 자책하며 겨우 구원받는 낭패한 자신의 모습을 떠올리고는 그렇게 그렸다고 한다.

최후 심판의 날, 과연 나는 어떤 모습일까? 혹시 미켈란젤로의 부끄러운 자화상이 내 모습은 아닐까?

오늘이 내 최후 심판의 날이라면 양심에 걸리는 것이 무엇인지 돌아보고 회개하자.

날마다 새롭게

유대인이라 불리는 네가 율법을 의지하며 하나님을 자랑하며
(2:17)

무엇을 하든 형식(form)과 내용(contents)이 함께 가야
한다. 신앙은 더욱 그러하다. 내용이 없고 형식만 있으면
가식적인 율법주의가 된다. 반대로 내용이 있고 형식이
없으면 실체가 없는 이상주의가 된다.

바울은 당시 유대인들을 향해 종교의 형식은 있는데
믿음의 내용이 없다고 책망한다. 율법과 유일신을 가진
거룩한 백성임을 자랑하면서도 실제로는 그에 합당한 믿
음의 삶이 없다는 것이다. 일찍이 주님은 이를 '회칠한 무
덤'이라고 질책하셨다(마 23:27).

한 후배 목사의 고백이다. 교회 성장이 안 되어 고민하
던 중에 그의 아내가 돌연 이런 말을 했다고 한다. "당신
은 예수님을 깊이 만난 것 같지 않아요." 그는 엄청난 충
격을 받고, 자신을 돌아보았다. 아내의 말이 사실이었다.
하루하루 새롭게 하나님을 만난 은혜와 감격으로 사는 것

이 아니었다. 옛날에 경험했던 과거의 믿음을 붙잡고 의무감으로 겨우 버티고 있었다. 날마다 솟구치고 소생하는 생명과 풍성함이 아니라, 종교 형식만 남아 무기력과 실패감에 짓눌리고 있었다. 믿음 생활은 날마다 내 안에 거하시는 하나님을 깨워 다시 새롭게 되는 것이다(막 4:38, 고후 4:16). 이렇게 말이다.

"죽는 날까지 하늘을 우러러/ 한 점 부끄럼이 없기를,/ 잎새에 이는 바람에도/ 나는 괴로워했다. / 별을 노래하는 마음으로/ 모든 죽어가는 것을 사랑해야지/ 그리고 나한테 주어진 길을/ 걸어가야겠다. / 오늘 밤에도 별이 바람에 스치운다." **윤동주, 서시**

내 믿음에 가식적이고 습관화된 모습은 없는지 돌아보고, 다시 새롭게 주님을 만나라.

15 더 좋은 것을 위한 포기

율법의 교훈을 받아 하나님의 뜻을 알고 지극히 선한 것을 분간
하며(2:18)

잘못된 자의식과 자긍심은 자신은 물론 이웃도 불행
하게 한다. 바울 당시 유대인이 그랬다. 그들은 선택된 민
족으로 율법의 교훈을 받아 하나님의 뜻과 선을 잘 안다
는 자긍심이 있었다. 문제는 안다는 것으로 교만하고, 이
방인을 멸시했다는 것이다.

오늘 우리 역시 성경과 성령의 감화로 주의 뜻이 무엇
인지 안다. 무엇이 옳은 것인지, 선한 것인지, 덕스런 것
인지, 주를 기쁘시게 하는 것인지 이미 알고 있다. 하지만
자긍심만 있을 뿐 행하지 않는다면 악한 자로 전락한다.
자긍심은 반드시 나를 낮추는 섬김으로 이어져야 한다.

로이드 존스는 젊은 날 영국 왕실의 촉망받는 의사였
다. 그는 설교자로 부르심을 받자 출세와 성공이 보장된
의사직을 포기했다. 이를 두고 주변에서 의심하고 비판하
자 그는 사람들에게 이렇게 답했다.

"그들의 병을 고쳐 주면 대개 죄짓는 데 그들의 인생을 낭비한다. 나는 더는 그런 일을 하고 싶지 않다. 나는 영혼을 치유하기를 원한다. 몸이 병들었어도 영혼이 건강하다면, 마지막에 문제가 없다. 하지만 몸은 건강해도 영혼이 병들었다면, 마지막에 지옥에서 영원을 보내야 한다. 아, 그렇다. 때때로 '가장 좋은 것'을 위해 좋은 것을 포기해야 한다."

그러나 이것은 포기가 아니다. 영원한 것을 위해 일시적인 것을, 하나님의 일을 위해 인간의 일을, 천국의 일을 위해 지상의 일을 내려놓는 것은 포기가 아니다. 가장 좋은 것을 얻는 일이며 영전이고 영광이다(마 13:44, 롬 8:18, 골 2:3).

더 좋은 것을 위해, 지금 버려야 할 좋은 것은 무엇인지 생각하고 순종하자.

시대를 밝히는 빛이 되어

> 맹인의 길을 인도하는 자요 어둠에 있는 자의 빛이요 율법에 있
> 는 지식과 진리의 모본을 가진 자로서 어리석은 자의 교사요 어
> 린 아이의 선생이라고 스스로 믿으니(2:19~20)

조문도 석사가의(朝聞道 夕死可矣)라는 말이 있다. 아침
에 도를 깨달으면 저녁에 죽어도 여한이 없다는 뜻이다.
이보다 더 큰 기쁨이 있으니 도사희(道師喜), 곧 진리를 가
르치는 기쁨이다.

가르치는 자는 항상 삼중의 마음을 가져야 한다. 첫째,
학생심(學生心)이다. 가르치면서 동시에 배우는 자세를 갖
는 것이다. 매일 배워야 늘 새롭게 새 지식을 앞서 가르치
는 선생(先生)이 된다. 둘째, 덕행심(德行心)이다. 삶으로
가르치면서 덕을 실천하는 것이다. 언행일치로서 건덕의
삶을 보여줄 때 그 가르침이 진리가 되어 존중받는 스승
이 된다. 셋째, 경애심(敬愛心)이다. 가르치고 실천하면서
사랑하는 것이다. 하나님을 경외하는 믿음에서 나오는 부
모 같은 사랑으로 가르칠 때 비로소 만인의 사부(師父)가
된다.

유대인은 자신들을 빛이요, 교사요, 선생이라고 자처했다. 사도 바울의 평가도 그러한가? 아니다. 그들은 가르친 대로 행하지 않는 거짓된 위선자였다. 그렇다면 나는 가정에서, 교회에서, 직장에서 누군가를 가르칠 때 어떤 모습인가?

"나의 형제자매 여러분, 여러분은 선생이 되려고 하는 사람이 많아서는 안 됩니다. 여러분이 아는 대로, 가르치는 사람인 우리가 더 큰 심판을 받을 것입니다." **약 3:1(새번역)**

오늘 일상에서 영혼들을 이끄는 빛이요, 교사로서 살아가기를 다짐하고 기도하자.

말씀을 지팡이 삼아

그러면 다른 사람을 가르치는 네가 네 자신은 가르치지 아니하느
냐 도둑질하지 말라 선포하는 네가 도둑질하느냐(2:21)

하나님이 율법을 주신 목적이 무엇인가? 율법은 세 가지 역할이 있다. 하나, 죄가 무엇인지 알고 죄를 범하지 않게 한다. 둘, 하나님의 뜻이 무엇인지 알고 거룩하게 살게 한다. 셋, 주 뜻대로 살지 않으면 책망하고 심판한다.

흔히 이 율법의 역할을 지팡이로 비유하곤 한다. 곧 죄를 경계하는 '차단 지팡이', 하나님 뜻이 무엇인지 가리키는 '인도 지팡이', 잘못을 책망하는 '징계 지팡이'다.

본문은 율법을 알면서 거짓되고 가식적인 삶을 사는 유대인뿐 아니라, 크리스천인 우리도 징계 지팡이로 책망하고 있다. 그러나 낙심할 필요는 없다. 이 지팡이는 궁극적으로 우리를 구주이신 그리스도와 구원의 삶으로 인도할 것이기 때문이다(딤후 3:16~17).

"유품(遺品)으로는/ 그것 뿐이다/ 붉은 언더라인이 그어

진/ 우리 어머니의 성경책/ 어머니가 그으신/ 붉은 언더라인은/ 당신의 신앙을 위한 것이지만/ 오늘은/ 이순(耳順)의 아들을 깨우치고/ 당신을 통하여/ 지고하신 분을 뵙게 한다./ 동양의 깊은 달밤에/ 다듬거리며 읽는/ 어머니의 붉은 언더라인/ 당신의 신앙이/ 지팡이가 되어 더듬거리며/ 따라가는 길에/ 내 안에 울리는/ 어머니의 기도 소리." **박목월, 어머니의 언더라인**

말씀의 지팡이를 늘 곁에 두고 하나님과 더 가까워 지기를 결단하자.

서로가 꽃으로

간음하지 말라 말하는 네가 간음하느냐 우상을 가증히 여기는 네가 신전 물건을 도둑질하느냐(2:22)

"자세히 보아야/ 예쁘다/ 오래 보아야/ 사랑스럽다/ 너도 그렇다." **나태주, 풀꽃1**

하나님이 율법을 주신 것은 우리를 속박하고 얽매려는 게 아니다. 오히려 반대다. 율법을 거울삼아 죄인인 나를 바로 알고, 율법을 지팡이 삼아 서로 사랑하고 자유하며 행복하게 살라고 주신 것이다. 하지만 유대인들은 율법으로 인하여 오히려 우월 의식을 갖고 이방인을 무시하고 멸시했다. 스스로는 은밀히 간음하고 도둑질하며 표리부동한 악한 자로 살았다. 왜 그랬을까? 율법을 종교적인 계율로 믿었기 때문이다.

율법이 종교가 되면 그에게 살아 계신 하나님이 없다. 하나님이 없으니 파렴치하고 이중적인 삶을 산다. 그러나 내 안에 하나님이 계시면 다르다. 이전과는 전혀 다른 빛의 자녀로 산다. 빛이신 그리스도가 내 안에 거하시면 그 빛이 사랑이 되어 흘러나온다. 그 사랑은 모든 것을 참으며 모든 것을 믿으며 모든 것을 바라며 모든 것을 견디게 한다(고전 13:7). 그 사랑은 허다한 죄를 덮는다(벧전 4:8). 비로소 우리는 한 시인의 노래처럼 서로 사랑이 된다.

"우리는 서로가/ 꽃이고 기도다/ (중략) 우리는 서로가/ 기도고 꽃이다." **나태주, 서로가 꽃**

종교인이 아니라 산 크리스천으로 서로가 꽃이 되어 기도하는 하루를 보내자.

나를 부끄럽게 하는 것들

> 율법을 자랑하는 네가 율법을 범함으로 하나님을 욕되게 하느냐
> 기록된 바와 같이 하나님의 이름이 너희 때문에 이방인 중에서
> 모독을 받는도다(2:23~24)

처음부터 의도적으로 하나님을 욕되게 하고, 모독하려는 사람은 그리 많지 않을 것이다. 버림받은 자가 아니고는 그럴 수 없다. 크리스천으로서 자아 성찰이 없고, 허물과 죄악에 대한 자각과 회개가 없을 때 자신도 모르게 점차 그런 사악한 일에 빠져들게 된다. 따라서 신앙생활에서 가장 중요한 것이 가난한 마음과 청결한 양심이다. 청결한 양심은 가난한 마음의 열매이다. 청결한 양심을 가진 크리스천은 작은 허물에도 부끄러움을 느낀다.

올림픽 역도 금메달리스트 장미란 선수에게는 쌍벽의 경쟁 선수가 있었다. 늘 그 선수를 이겨야 금메달을 목에 걸 수 있었다. 시합에서 상대 선수가 무거운 중량을 들어 올릴 때, 그녀는 속으로 '떨구어라, 떨구어라' 하며 실패하기를 빌곤 했다. 어느 날 그것이 몹시 부끄러웠다고 한다. 그래서 이후 다르게 기도했다. '그래, 넌 너 준비한 것 다

들어라. 나는 나 준비한 것 다 들겠다.' 그러자 비로소 마음에 평안이 찾아들고, 크리스천으로서의 긍지가 생겼다고 한다.

나에게는 이런 부끄러움이 있는가? 부끄러움을 모른다면 아마 나도 모르는 사이에 하나님을 욕되게, 주의 이름을 만홀히 여기는 자로 살고 있는지도 모른다.

> "겸손한 마음을 주께서는 가장 높은 곳에 두신다. 교만한 마음은 두려움에 떨며 가장 낮은 곳으로 내려간다. 청결한 마음으로 주를 바라볼 때 친히 주께서 인도하신다." **발렌틴 틸로**

자신을 돌아보아 신앙 양심에 거리끼는 무엇이 없는지 성찰하고, 돌이키자.

좋은 크리스천

네가 율법을 행하면 할례가 유익하나 만일 율법을 범하면 네 할
례는 무할례가 되느니라 그런즉 무할례자가 율법의 규례를 지키
면 그 무할례를 할례와 같이 여길 것이 아니냐 또한 본래 무할례
자가 율법을 온전히 지키면 율법 조문과 할례를 가지고 율법을
범하는 너를 정죄하지 아니하겠느냐(2:25~27)

캐나다 토론토에 갔을 때이다. 앞 승용차의 번호판이
특이했다. 'WA CHRISTIAN' 함께 탄 제자에게 물으니, 시
발전 기금을 내면 특별 번호판이 부여된다고 한다. 대단
한 열정과 용기 있는 믿음의 발로라고 여겨졌다. 한편 저
렇게 (이름이든 존재이든) 크리스천임을 공개적으로 밝히고
다니면 좋은 믿음이고, 좋은 크리스천일까를 자문하게 되
었다.

유대인에게 할례는 하나님 백성이라는 표시요, 자랑
이었다. 그러나 그것은 오해다. 그들은 할례와 함께 율법
을 준행해야 했다. 율법을 범하면 할례 없는 이방인과 다
를 바 없다. 반대로 이방인이라도 율법을 행하면 거룩한
백성이 된다(마 3:9).

여기서 한 가지 짚고 넘어갈 것이 있다. 기독교 신앙은

어떤 종교적인 행위와 형식이 먼저가 아니다. 더 중요한 것이 있다. 바로 로드십(lordship)이다. 무엇보다 먼저 하나님의 주 되심을 인정하는 것이다. 로드십의 인정이 주의 말씀, 율법의 준행이다. 이 율법의 준행은 나의 자랑이나 드러남이 아니라 오직 이웃을 향한 섬김으로 나타나야 한다(막 10:45).

좋은 크리스천은 믿음의 겉모습을 드러내기보다는 조용히 로드십을 인정한다. 작은 일에도 그렇게 살지 못한 것을 부끄러워하고 수시로 '키리에 엘레이손' 하며 자백하고 돌이킨다. 그 구원의 은혜 때문에 더 감사한다. 더 낮아진다. 더 온유와 겸손으로 섬긴다.

나는 좋은 크리스천인지 점검하고, 오늘 하루 더 온유하고 더 겸손하게 섬기자.

성숙한 신앙인

> 무릇 표면적 유대인이 유대인이 아니요 표면적 육신의 할례가 할
> 례가 아니니라 오직 이면적 유대인이 유대인이며 할례는 마음에
> 할지니 영에 있고 율법 조문에 있지 아니한 것이라 그 칭찬이 사
> 람에게서가 아니요 다만 하나님에게서니라(2:28~29)

믿음은 마음의 성화(聖化)를 가져온다. 생명의 주 그리
스도가 내 안에 계시므로 영과 혼이 변하고 이어서 말, 행
동, 관계, 삶 전반이 조화를 이루어 아름답고 복된 인생이
된다. 이는 예수를 닮은 성숙한 크리스천이다(눅 2:52). 성
숙은 할례나 율법 조문 같은 외면적인 것에 있지 않다. 하
나님과의 내적 친밀함에서 생겨나고 자라난다.

오래전 미국의 정신과 전문의 레온 사울은 성숙한 인
격의 특성을 다음과 같이 정리했다. ① 독립적이고 책임
질 줄 안다. 업적은 상대에게 돌리고 책임은 내가 진다.
② 즐겨 나눈다. 소유의 공유성을 인정하고 함께 나누어
쓴다. ③ 협력하는 사회성이 있다. 서로 인정하고 존중하
므로 시너지를 낸다. ④ 자기 행동을 조절할 줄 안다. 즉
흥적이지 않고, 생각하고 결정하여 실수가 적다. ⑤ 분노

와 적개심을 구분한다. 감정에 따라 거친 말이나 불손한 행동을 하지 않는다. ⑥ 현실을 직시하고 미래적 의미를 파악한다. 현실에 기초한 비전을 품고 꾸준히 정진한다. ⑦ 조화와 균형을 이룬다. 전인적인 아름다운 모습으로 자신을 가꾼다. ⑧ 융통성과 적응성이 있다. 원리 원칙이 있으면서 모든 일에 유연하게 대처한다.

상식선에서 본 성숙한 인격이 이러한데, 하물며 성화 되어 가는 크리스천의 모습은 어떠하겠는가? 스스로를 돌아볼 때 나는 성숙한 사람인가 아니면 미숙한 사람인 가? 이제, 어린아이의 모습을 버리고, 성숙한 그리스도인 으로 살아야겠다(엡 4:13).

성숙한 신앙인이 되기 위해 버릴 것, 보완할 것이 무 엇인지 기록하고, 실행하자.

가장 귀한 직분

그런즉 유대인의 나음이 무엇이며 할례의 유익이 무엇이냐 범사
에 많으니 우선은 그들이 하나님의 말씀을 맡았음이니라(3:1~2)

세상에서 가장 큰 기쁨은 무엇일까? 바로 쓰임받는 기
쁨이다. 하나님께 쓰임받기 위해서는 구원받아야 하고,
선택받아야 하고, 인정받아야 하고, 능력받아야 하니 기
쁘고 감사한 일이 아닐 수 없다(딤전 1:12).

쓰임받는 직분 중에 가장 귀한 직분이 있다면 '말씀을
맡는 것'이다. 하나님의 말씀은 구원이요, 진리요, 생명이
요, 길이요, 빛이요, 등이요, 교훈이요, 계명이요, 위로요,
복이요, 힘이요, 영생이요, 천국이다. 하나님의 모든 좋은
것이 다 말씀으로부터 온다. 예수님조차 '말씀'으로 오셨
다(요 1:14).

이 말씀을 맡은 자가 당시의 이스라엘이고, 오늘의 크
리스천이다. 말씀은 세 가지로 우리에게 주어진다. 성육
신 된 말씀인 예수 그리스도, 기록된 말씀인 성경, 선포된
말씀인 설교다. 크리스천은 이 말씀으로 구원받고, 이 말

씀으로 살고, 이 말씀을 나타내고, 이 말씀을 전하는 일에 쓰임받는 자이다. 이 귀한 직분을 굳게 잡아 빼앗기지 않는 것이 가장 귀한 은혜요, 축복 중의 축복이다.

"하나님의 말씀을 빼앗기거나 곡해되어 더는 순수하고 명쾌하게 남아 있지 않게 되는 것만큼 그리스도인들에게 큰 불행은 없다. 우리와 우리 자손들이 이런 재앙을 당하지 않게 되도록 하나님께 긍휼을 구하게 된다." **마틴 루터**

말씀을 붙들고 말씀으로 산다는 것이 무엇인지 묵상하고 그대로 실천하자(시 1:2).

신실하신 주의 은혜

> 어떤 자들이 믿지 아니하였으면 어찌하리요 그 믿지 아니함이 하나님의 미쁘심을 폐하겠느냐 그럴 수 없느니라 사람은 다 거짓되되 오직 하나님은 참되시다 할지어다 기록된 바 주께서 주의 말씀에 의롭다 함을 얻으시고 판단 받으실 때에 이기려 하심이라 함과 같으니라(3:3~4)

하나님은 신실한 분이시다. 이를 고백하지 않으면 기독교 신앙은 성립되지 않는다. 신실하심은 두 가지로 나타난다. 먼저 하나님의 사랑이 신실하다. 신실한 하나님의 사랑이 독생자를 보낸 것이고, 그 사랑이 우리를 구원했다(요일 4:10). 또한 하나님의 말씀이 신실하다. 하나님은 약속한 것을 반드시 이루고 실행하신다. 그 신실한 하나님의 말씀이 세상 끝날까지 우리를 지키고 보호한다(마 28:20). 전능하신 하나님이기에 이런 신실하심 또한 가능한 것이다. 그 신실하심은 완전하다. 우리의 상태와 모습에 좌우되지 않는다.

"나는 어떻게 보면 무지막지할 정도의 과학의 신봉자건
만 베드로가 물 위를 걸은 것처럼, 나도 그만큼은 걸을

수 있지 않을까, 감히 자신하고 있다. (중략) 그것은 체험
때문이다. 살면 살수록 인생이 고해 바다라는 것은 단순
한 수사가 아니라 실감이다. (중략) 허무의 심연, 불운의
암초, 불안의 노도, 절망의 농무, 자포자기의 격랑 또한
무수히 맞닥뜨려야 한다. 아직도 익사하거나 떠내려가
지 않고 최소한의 인간다움이나마 유지한 채 거의 피안
을 바라보게 되었음은 아슬아슬한 고비마다 손을 내밀
어 준 분이 있었기 때문이라는 건 나의 가장 값진 신앙
체험이다." **박완서, 참고 마 14:27**

오늘도 하나님은 우리에게 신실하시다. 그 신실하심
은 고난 중에 믿는 자에게 더욱 빛을 발한다(고전 10:13).

신실하신 주의 은혜를 고백하고, 오늘 하루 신실하
신 하나님께 나를 온전히 의탁하자.

언제나 당신이 옳습니다

그러나 우리 불의가 하나님의 의를 드러나게 하면 무슨 말 하리
요 [내가 사람의 말하는 대로 말하노니] 진노를 내리시는 하나님
이 불의하시냐 결코 그렇지 아니하니라 만일 그러하면 하나님께
서 어찌 세상을 심판하시리요(3:5~6)

　　하나님은 의로우시다. 의롭다는 것은 전적으로 옳다
는 것이다. 지난 세월 이런저런 억울하고 원망스러운 일
이 많았지만, 이제 와 생각하니 결국 하나님이 옳으셨다
는 것이다(시 145:17). 하나님의 절대의(絶對義) 앞에 설 때
나는 언제나 죄인임을 알게 된다. 이를 인정하는 것이 가
난한 마음이고 겸손이며 믿음이다. 기독교 신앙의 길은
하나님의 의로우심을 고백하고 동시에 나의 죄인 됨을 고
백하며 나아가는 것이다. 이것이 십자가로 인한 구원이
요, 십자가에 대한 우리의 믿음이다(롬 3:24).

　　한 크리스천 사업가가 20여 년간 힘을 다하여 그 계통
에서 상당한 회사를 일구었다. 그런데 그만 암에 걸렸다.
그는 하나님께 원망을 쏟아부었다. "하나님, 도대체 내게
왜 이러는 것입니까? 무엇을 그토록 잘못했단 말입니까?

억울합니다." 그에게 어떤 말도 도움이 될 것 같지 않아 나는 그저 기도만 해 주고 돌아왔다. 그런데 얼마 후 그가 심방을 요청해서 다시 갔더니 이런 고백을 하는 것이다. "전 말만 크리스천이었지 그동안 하나님 없이 사업했습니다. 그리고 보니 죄를 많이 지었습니다. 사인도 여러 번 있었습니다. 짐짓 무시했지요. 하나님이 나를 많이 기다렸던 것 같습니다." 그러면서 내 가슴을 울리는 한마디를 남겼다.

"하나님, 그분이 옳습니다. 나는 죽었어야 하는 죄인입니다. 이제야 하나님 앞에 섭니다. 이 죄인을 위해 기도해 주세요."

내 삶을 두고, 나는 하나님의 의로우심을 고백할 수 있는가? 회개하고 감사하자.

아무리 결과가 선해도

> 그러나 나의 거짓말로 하나님의 참되심이 더 풍성하여 그의 영광
> 이 되었다면 어찌 내가 죄인처럼 심판을 받으리요 또는 그러면
> 선을 이루기 위하여 악을 행하자 하지 않겠느냐 어떤 이들이 이
> 렇게 비방하여 우리가 이런 말을 한다고 하니 그들은 정죄 받는
> 것이 마땅하니라(3:7~8)

일본인 중에 한국 식민 지배의 정당함을 주장하는 이
들이 있다. "조선 합병은 조선의 근대화와 문명 발전에 이
바지한 바가 있다." 남의 나라를 강제로 빼앗아 온갖 악행
을 저지르며 숱한 생명을 앗아 간 이들이 할 말은 결코 아
니다. 비열하고 악한 태도다.

그런데 일단의 유대인이 이와 비슷한 논리를 펼친다.
자신의 불의와 거짓말로 인해 하나님의 참되심이 확연히
드러나 영광이 된다면, 어찌 죄인으로 심판받아야 하느냐
는 것이다. 아주 못된 논리다. 결과가 아무리 좋고 훌륭할
지라도 과정과 방법이 악한 것이면 그것은 악한 것이고,
심판받아 마땅하다.

이런 완악한 태도가 우리에게도 있다. 죄를 짓고도 아
니라고 변명한다. "어쩔 수 없었다. 그때는 그것이 죄가

아니었다. 지금은 시대와 문화가 달라졌다"라고 둘러댄
다. 하지만 아무리 변명해도 성경에서 죄라고 하면 죄일
뿐이다. 故 한경직 목사는 종교 부분의 노벨상이라는 템
플턴상을 수상하고 축하하는 자리에서 이런 고백을 했다.

"나는 죄인임을 고백합니다. 나는 신사참배를 했습니
다. 이런 죄인을 하나님이 사랑하고 축복해 주셔서 한국
교회를 위해 일하도록 이 상을 주셨습니다."

이렇듯 죄를 자백하고 죄 사함을 받는 자는 복이 있을
것이다(삼하 12:13).

내 안의 죄들을 더는 변명하지 말고, 존재의 용기를
발휘하여 투명하게 자백하자.

죽음에 이르는 한 가지 죄

그러면 어떠하냐 우리는 나으냐 결코 아니라 유대인이나 헬라인
이나 다 죄 아래에 있다고 우리가 이미 선언하였느니라(3:9)

지식이 넘치는 시대다. 그러나 아무리 학식이 많고, 교
수 박사 대가라 할지라도 한 가지 지식이 없으면 그것은
헛된 지식, 죽은 지식일 뿐이다. 그것은 바로 '나를 아는
지식'이다. 곧 내가 죄인임을 아는 것이다.

이 지식이 없으면 어떻게 되는가? 그 마음이 교만해진
다. 교만은 자만, 거만이 된다. 자기 분수를 모르게 된다.
월권한다. 안하무인이 된다. 무신론자가 된다.

또 그 마음이 허망해진다. 허망은 불신, 불안이 된다.
불신은 시기와 질투와 모함과 증오로 치닫는다. 불안은
온갖 더러운 정욕의 죄악으로 흐른다. 우상을 숭배하게
된다. 하나님을 대적한다. 비참한 파멸이요 영원한 죽음
에 이른다. 결국 이 세상에는 한 가지 죄 밖에 없다. 그것
은 무지(無知)이다.

내가 죄인임을 아는 자만이 하나님을 찾게 되고, 더 가

까이 나아가게 된다(호 4:6). 이것이 믿음의 길이고, 구원의 길이다. 성숙한 그리스도인일수록 더욱 자주 순간순간 죄인임을 깨닫고 자백하게 된다.

"키리에 엘레이손. 주여, 나를 불쌍히 여기소서!"

짜증, 우울 같은 작은 허물에도 키리에 엘레이손 하며 순간순간 하나님께 나아가자.

27 너무 늦지 않게

그러면 어떠하냐 우리는 나으냐 결코 아니라 유대인이나 헬라인
이나 다 죄 아래에 있다고 우리가 이미 선언하였느니라(3:9)

심리학에서는 인간이 죽음을 받아들이는 여섯 단계
가 있다고 한다. 부정, 분노, 타협, 우울, 수용, 의미 찾기
이다. 안타깝게도 부정 분노에 너무 오래 매였다가 의미
찾기의 시간을 놓치는 경우가 적지 않다고 한다. '나는 죽
는다'라는 사실을 수용해야만 남은 짧은 인생이나마 의미
찾기를 시도할 수 있다.

성경은 인간이 죄인임을 선언한다. "다 죄 아래에 있
다." 오랜 세월 목회해 보니 이 선언에 대한 사람들의 반응
은 대략 네 가지였다. 하나, 부정이다. "내가 왜 죄인이냐,
아니다. 나름대로 진실하게 살았다. 죄인 취급하는 기독
교가 싫다"라고 반발한다. 둘, 무관심이다. 죄인이든 아니
든 상관하지 않는다. 그런 것에 관심을 끈다. 내 생각대로
살면 그만이다. 셋, 우월이다. 나는 죄를 덜 지었다고 상
대화하는 것이다. 흔히 젊은이는 기성세대보다, 소시민은

감옥에 있는 사람보다 더 도덕적이라고 생각한다. 넷, 인정이다. 자신이 전적으로 타락한 존재임을, 죽을 수밖에 없는 죄인임을 인정하는 것이다.

성경의 선언 앞에서 난 어떤 반응으로 살아가고 있는가? 교회를 얼마나 다녔느냐에 상관없이 나는 어떻게 반응하는가? 죄인임을 인정하고 자백해야만 구원이 임한다 (시 32:1, 눅 5:8). 다른 방도는 없다.

> "주님, 내 죄를 용서해 주시고, 그 죄를 당신 뒤로 던져 버리게 하소서. 진노를 거두시고, 자비를 베푸소서. 주님의 평화로 가련한 마음을 채워 주소서. 오 주님, 내 소리를 들어 주소서." **루드비히 안드레아 코니**

지금, 예수 십자가 앞에 서서 자신의 실상을 보고 진실로 죄인임을 고백하자.

내가 우는 까닭

기록된 바 의인은 없나니 하나도 없으며(3:10)

"언덕에 서서/ 내가/ 짐승처럼 서러움에 울고 있는 그
까닭은/ 강물이 모두 바다로만 흐르는 그 까닭만은 아
니다." **천상병, 강물**

시인은 울고 있다. 그 젊은 영혼의 처절한 절규가 들려
오는 듯하다. 짐승처럼 서러움에 울고 있다. 그 서러움이
강물이 되어 바다로 흐르고 있다.

우리 크리스천 역시 울어야 사는 존재다. 나도 저렇게
운 적이 있다. 아무리 멈추려 해도 멈춰지지 않는 강물처
럼, 그렇게 운 적이 있다. 요즘도 자주 운다.

내 눈물은 단지 인간적 서러움 때문만이 아니다. 또 다
른 까닭이 있다. 곧 내 안에 있는 죄 때문에, 깨끗하지 못
한 양심 때문에, 의롭지 못한 악함 때문에, 불의를 거부하
지 못하는 비겁함 때문에, 더 사랑하지 않는 무애(無愛) 때

문에, 더 나눠야 하는데 그럴 수 없는 무능(無能) 때문에
운다. 십자가 앞에서 늘 죄인임을 자백하고 우는 자가 크
리스천이다(마 5:4).

> "오 하나님/ 이 말 한마디 밖에는/ 저는 아무 말씀 드릴
> 수 없습니다./ 오 하나님/ 애통하며 흘린 눈물/ 가슴 가
> 득 채워 드릴 밖에는/ 저는 아무 일도 할 수 없습니다./
> 오 하나님/ 제 심령에/ 쏟아져 내린 눈물마다/ 주님은
> 다 아시오니/ 불쌍히 여겨 주옵소서./ (중략) 오 하나님/
> 다만, 불쌍히 여겨 주옵소서." **김소엽, 오 하나님**

눈물이 마른 크리스천이 아니었는지 돌아보고, 내
안에 애통의 마음이 있도록 간구하자.

믿음의 숲을 거닐다

기록된 바 의인은 없나니 하나도 없으며(3:10)

생명의 이치는 죽어야 사는 것이다. 한 알의 씨앗이 땅에 떨어져 죽어야 푸른 싹을 돋우고 많은 열매를 얻을 수 있다. 나무들은 만추(晩秋)가 되면 잎을 떨구어 나목이 되어야만 겨울을 나고 봄에 다시 잎을 내어 푸르고 푸른 숲을 이룰 수 있다.

구원도 마찬가지다. 내가 먼저 죽어야 한다. 곧 죄인임을 인정하고 고백하는 것이다. 이것이 왜 그리 중요한가? 바울은 왜 이리 집요하게 이 문제를 파고드는가? 그것이 우리에게 주어진 구원의 길이기 때문이다. 은혜의 푸른 숲으로 들어가는 길이기 때문이다.

죄인임을 인정하고 고백해야 자신에게 절망하며 하나님을 찾게 된다. 비로소 구원자이신 예수 그리스도를 만나게 된다. 예수를 나의 주 하나님으로 만나면 죄를 용서받고 의롭다 함을 얻어 하나님 자녀가 되는 구원을 얻는

다. 그뿐만 아니라 구원을 받은 뒤에도 인간 한계와 연약
성으로 인해 늘 '키리에 엘레이손' 하며 죄인임을 고백할
때 청결한 양심을 유지하며 하나님과 동행하게 된다. 날
마다 때마다 시마다 죄인임을 고백하는 것이 믿음의 시작
이고, 하나님께 더 가까이 가는 것이고, 푸르고 푸른 믿음
의 숲을 거니는 것이다(시51:17~18).

　　"나는 지금 푸르고 푸른 믿음의 숲을 걷고 있습니다.
그대는 언제 이 숲에 오시겠습니까?"

　　온종일 '키리에 엘레이손'을 되뇌며 내가 죄인임을
　　확인하고 고백하는 날로 삼자.

3

초록빛 세상

3월

희망의 새 일을 하고 싶다.

나만이 할 수 있는,

소중한 그 일을 하고 싶다.

꽃잎의 지복至福한 세상이

그날의 붉은 피와 함께 내게로 걸어온다.

그리스도 예수 안에 있는 속량으로 말미암아
하나님의 은혜로 값 없이 의롭다 하심을 얻은 자
되었느니라(롬 3:24)

♣ 빈 의자는 나와 함께하시는 그리스도를 뜻한다.

01 거울을 보는 사람

깨닫는 자도 없고 하나님을 찾는 자도 없고(3:11)

"거울에 비친 모습/ 내가 아니다./ 너를 만날 땐/ 거울 앞에 서서/ 본 모습 감추려/ 화장하고 치장하지만/ 마음만은 감출 수 없다./ (중략) 거울에 비친 모습/ 내가 아니다/ 진정 나일 수 없다." 이제민, 거울에 비친 모습

세상은 잃어버린 자아를 찾으라고 아우성이다. 진정한 나를 알아야 인생의 주인공이 될 수 있다고 한다. 그렇다면 내가 누구인지 어떻게 아는가? 나를 알려면 거울을 보아야 한다. 유리로 된 거울, 이웃이라는 거울, 역사라는 거울, 성경이라는 거울이다.

유리로 된 거울로는 단지 외모만 볼 뿐이다. 그 모습은 시인의 고백처럼 온전한 내가 아니다. 이웃이라는 거울은 내가 그동안 어떻게 살았는지를 보여 준다. 그들이 나를 어떻게 평가하고 대하는지가 객관적인 내 삶의 모습이다.

역사라는 거울은 내가 앞으로 어떻게 살아야 하는지를 보여 준다. 의인은 영원히 살고, 악인은 반드시 망한다는 사실을 역사를 통해 알 수 있다.

성경이라는 거울은 지난 과거뿐 아니라 현재와 미래 종말의 역사까지, 또한 내 속의 깊은 생각과 의도와 태도와 생활까지 적나라하게 다 보여 준다. 이 거울에 비친 모습이 바로 진정한 나이다. 성경이라는 거울 앞에 서게 되면 누구든 추하고 악한 내 모습에 마음이 찔려 두려워하며 죄인임을 자백하게 된다. 자연스레 하나님을 찾게 되고, 죄 사함을 얻게 된다(시 32:3~5, 행 2:37~38).

매일 성경의 거울을 어떻게 읽으며 나를 단장할 것인지 생각하고 꾸준히 실행하자.

무례한 기독교

다 치우쳐 함께 무익하게 되고 선을 행하는 자는 없나니 하나도 없도다(3:12)

"오늘날의 기독교 문제 중 하나는 예의 바른 사람은 종 종 강한 신념이 없고, 강한 신념을 가진 사람은 예의가 없다. 크리스천은 이 둘의 조화를 이루는 '신념 있는 시 민 교양(Convicted civility)'을 가져야 한다." **리처드 마우**

슬픈 현실이 있다. 믿음이 좋다는 이들이 일상에선 상 당수 무례하다는 사실이다. 왜 그런가? 신념이 강하여 한 쪽으로 치우쳤기 때문이다. 믿음을 일방적으로 전하려 하 고, 자기 생각과 의견을 강요한다.

그러나 하나님 자녀는 믿음과 함께 교양, 온유, 겸손 이 겸비된 예의를 갖추어야 한다. 물론 악한 세상을 살아 가기에 때로는 비난과 박해를 감내하며 복음을 전할 수 있는 강한 신념이 있어야 한다. 그럼에도 그리스도의 마 음으로 온유와 겸손의 태도는 끝까지 견지해야 한다. 상대를 축복하고 화목하며 선으로 악을 이기는 것이다(롬 12:14, 18, 21).

어떻게 신념 있는 시민 교양을 가질 수 있을까? 십자가 앞에 다시 서면 된다. 나는 죄인인 동시에 십자가 은혜로 용서받은 의인이다. 죄인이기에 누구를 정죄하거나 무례히 대할 수 없다. 겸손과 예의로 대하게 된다. 또한 죽어도 사는 하나님 자녀이기에 용기 있게 복음을 전할 수 있다. 죄인임을 고백하지 않으면 한쪽으로 치우치게 되고, 자신도 모르게 교만해진다. 결국 무례하게 되고 믿음이라는 명목하에 종교적 악행과 폭력, 전쟁도 마다하지 않는다(행 9:1~2).

나는 무례한 크리스천이 아닌지 돌아보고, 온유과 겸손으로 섬길 것을 결단하자.

03 내 입에 파수꾼을

그들의 목구멍은 열린 무덤이요 그 혀로는 속임을 일삼으며 그 입술에는 독사의 독이 있고 그 입에는 저주와 악독이 가득하고 (3:13~14)

악한 말은 입에서 나오는 것이 아니다. 부패한 인간성에서 나온다. 죄인의 목구멍은 "열린 무덤"이다. 온갖 더럽고 추한 것들이 목구멍을 통해 끊임없이 솟구친다. 그것이 혀로 이동하여 온갖 거짓이 된다. 입술로 이동하여 독사의 독처럼 치명적인 말이 된다. 어쩌다 실수해서 그런 것이 아니다. 부패한 인간성은 열린 무덤이어서 입만 열면 저주와 악독을 내뱉는 것이다.

종종 집사, 권사, 장로, 목사들에게서 부끄러운 나의 자아상을 본다. 한 자매는 새벽 기도에 빠지지 않고 나와 기도한다. 하지만 평소 장애인 동생에게 거친 말을 쏟아 낸다. 한 형제는 교회 봉사를 열심히 한다. 하지만 종종 거친 욕을 마구 하고 무례하다. 한 형제는 앞장서서 헌신한다. 하지만 세상에서는 사기 행각을 벌인다. 또 다른 형제는 성실하고 모범적이다. 하지만 자주 거짓말을 한다

(벧전 3:10). 아, 모두 다 부끄러운 나의 모습이다.

어떻게 이에서 벗어날 수 있을까? 먼저 죄인임을 고백하라. 악한 말은 부패한 심중에서 나오기에 청결한 양심을 구하라. 거친 말, 무례한 말, 거짓된 말, 추한 말이 심각한 죄인 줄 인식하고 그때마다 회개하라. 가능한 한 말을 적게 하라. 말하기 전에 생각하라. 그 말이 '진실한 말'인지, '필요한 말'인지, '온유한 말'인지를 생각하고 성령의 인도를 받아라.

> "주님, 내 입술 언저리에 파수꾼을 세우시고, 내 입 앞에
> 는 문지기를 세워 주십시오." **시 141:3(새번역)**

내 입술에 악한 말이 있진 않았는지 살피고 오늘 하루 진실한 말, 필요한 말, 온유한 말을 하자.

경외심만 있다면

그 발은 피 흘리는 데 빠른지라 파멸과 고생이 그 길에 있어 평강
의 길을 알지 못하였고 그들의 눈 앞에 하나님을 두려워함이 없
느니라 함과 같으니라(3:15~18)

"어릴 적 나는 동네 어르신들이 러시아에 밀어닥친 크나
큰 재앙에 대해서 이렇게 한탄하는 소리를 들었다. '하
나님을 잊어버린 거야. 그 때문에 이 모든 일이 일어난
거야.' 그 이후로 나는 러시아 혁명사 연구에 근 50년을
바쳐 왔다. 만약에 누가 나에게 약 6천만 명의 러시아
사람들의 생명을 삼켜 버린 그 무서운 혁명이 왜 일어났
는지를 간명하게 정의해 보라고 한다면 나는 주저 없이
말할 것이다. 하나님을 잊어버린 거야, 그 때문에 이 모
든 일이 일어난 거야." **알렉산드르 솔제니친**

하나님을 잊고, 두려워하지 않으면 인간은 못 할 짓
이 없다. 하나님을 두려워하지 않으니 비인간화의 악행
으로 치닫고(롬 1:24~31), 파괴적인 인간으로 전락한다(롬
3:13~18). 따라서 오늘 세계가 당면한 가장 큰 문제는 전쟁

도, 경제도, 정치도, 식량도, 기후도 아니다. 신학과 신앙의 문제다. 곧, 하나님을 두려워하지 않는 것이다. 그 두려움이 없기에 이 모든 일이 일어난 것이다.

하나님을 두려워하면 모든 문제가 일거에 해결된다. 하나님을 경외(敬畏)하는 것이 지혜의 근본이요(잠 9:10), 모든 덕의 시작이다(막 12:30~31). 경외는 단순한 두려움이 아니다. 범사에 하나님을 인정하고, 거룩한 그분과 친밀함을 누리는 것이다. 하나님과 친밀하면 어떤 어려운 환경에서도 평강을 누리고, 지혜를 얻는다. 이 모든 것이 경외에서 시작된다.

나는 하나님을 진정으로 경외했는지 돌아보고, 거룩한 하나님과 친밀한 사귐을 누리자.

03

05   자백의 복

> 우리가 알거니와 무릇 율법이 말하는 바는 율법 아래에 있는 자
> 들에게 말하는 것이니 이는 모든 입을 막고 온 세상으로 하나님
> 의 심판 아래에 있게 하려 함이라(3:19)

한 죄인이 법정에 서 있다. 검사(율법)가 집요하게 파
헤쳐 죄목을 낱낱이 폭로한다(롬 3:13~18). 그의 모든 죄
가 다 드러난다. 이제 재판장의 선고를 기다린다. 악독
한 말들을 쏟아 내던 이전과는 분위기가 전혀 다르다(롬
3:13~14). 검사의 지적 앞에 서면 그는 입을 다물고, 죄인
임을 인정할 수밖에 없다. 은혜의 복음은 왜 이렇듯 집요
하게 인간의 죄인 됨을 폭로하는가?

죄인임을 자백해야 구원의 은혜 안에 들어오기 때문
이다. 죄를 자백해야 죄 사함을 받는다(요일 1:9). 죄를 자
백해야 하나님 자녀가 된다(요 1:12). 죄를 자백해야 평안
하게 된다(마 5:8, 눅 1:47~48). 죄를 자백해야 능력 있게 된
다(고후 12:9). 참으로 놀라운 역설이 아닌가? 이 네 가지
복을 한 단어로 표현한 것이 구원이다. 죄인임을 자백할
때 구원이 내게 임한다.

"죄 짐을 진 채 오십시오. 당신이 어떤 사람이든 당신은 환영받고 주님 식탁에 손님으로 자리합니다. 왜냐하면 주님은 당신을 사랑하고, 잊지 않으시기 때문입니다." **찰스 웨슬리**

매일 십자가 앞에 서서 자신을 살피고 가난한 마음을 잃지 않기 위해 기도하자.

무엇이든 될 수 있는 인간

그러므로 율법의 행위로 그의 앞에 의롭다 하심을 얻을 육체가 없나니 율법으로는 죄를 깨달음이니라(3:20)

인간의 마음은 선과 악이 공존하며 사랑과 미움, 긍휼과 잔인이 교차하는 복잡미묘한 요소로 가득 차 있다. 그래서 도스토옙스키는 "인간은 그가 원하는 무엇이든 될 수 있는 존재이다"라고 말했다. 마음의 생각을 어떻게 다스리느냐에 따라 천사도 악마도, 선인도 악인도 될 수 있다. 물론 인간 본성은 부패하였기에 한순간에 악인으로 전락하기 쉽다. 성숙한 그리스도인은 결코 한순간에 태어나지 않는다. 의지를 작동하여 믿음으로 나아가야 한다. 경건을 훈련해야 한다. 그래서 나는 이런 말을 자주 한다.

"지옥은 자동이고 천국은 수동이다."

어떻게 죄성을 지닌 인간이 천국을 누릴 수 있는가? 시작은 죄인임을 깨닫는 것이다. 성경의 율법은 죄를 깨닫게 한다. 하나님의 뜻이 무엇인지, 어떻게 살아야 하는지 가르쳐 준다. 날마다 성경을 읽고 묵상할 때 내가 얼마나 큰 죄인인지를 깨닫는다. 그리하여 십자가 속량을 믿음으로 때를 따라 도우시는 은혜의 보좌로 나아가는 것이다. 때마다 시마다 '키리에 엘레이손' 하며 죄를 자백한다. 그러면 성령의 임재로 청결한 양심이 되어 인간의 악한 본성을 이기며 살아갈 수 있다.

"내 영혼이 은총 입어 중한 죄 짐 벗고 보니 슬픔 많은 이 세상도 천국으로 화하도다." **찬송 438장, 참고 눅 17:21, 롬 14:17**

찬송 438장을 찾아 부르고, 더 선하고 온전한 크리스천이 되기를 기도하자.

위대한 전환

> 이제는 율법 외에 하나님의 한 의가 나타났으니 율법과 선지자들
> 에게 증거를 받은 것이라(3:21)

"율법으로 의로워지려는 것은 태평양을 헤엄쳐 건너가
려는 것과 같다. 세 부류의 사람이 있다. 수영을 못하
는 사람, 수영을 잘하는 사람, 수영 국가대표 선수. 그러
나 결과는 마찬가지다. 첫째는 바다에 들어가자마자 익
사한다. 둘째는 처음에 잘 나가다가 익사한다. 셋째는
4, 6, 8킬로미터 잘 가다가 익사한다. 이들의 수영 실력
은 다 다르지만, 태평양을 건널 수 없다는 점에서는 똑
같다. 이것이 모든 사람이 율법으로 의로워질 수 없다는
의미다." **팀 켈러**

한국어 성경은 종종 접속사 번역을 생략하곤 한다. 본
문 역시 헬라어 원문은 "그러나 이제는(but now)"으로 시
작한다. 지금까지 우리는 인간의 죄인 됨에 관해 꾸준히
살펴봤다. 이방인은 죄인이다(1장). 유대인도 죄인이다(2

장). 모든 인간은 죄인이다(3장). 결국 모든 인간은 다 저주받아 죽을 수밖에 없는 진노의 대상일 뿐이다. 율법으로는 희망이 없다.

"그러나 이제는"

위대한 전환이 일어났다. 율법 외에 하나님의 한 의가 나타난 것이다. 이는 우연히 갑자기 나타난 것이 아니다. 감추어져 있던 구원의 계시(창 3:15)가 때가 되어 나타난 것이다. 율법과 아브라함, 다윗 등 선지자들이 역사 속에서 전해 준 것이다(창 15:6, 시 32:1~2, 합 2:4). 다만 그 나타난 방법이 파격적이다. 사람의 선행이 아니라 하나님 희생의 방법이다. 하나님이 친히 성육신 하셔서 십자가 위에서 대신 저주를 받아 이루어지는 하나님의 의다(사 53:6, 갈 3:13). 이 하나님의 의가 바로 예수 그리스도이시다.

하나님의 의, 예수 그리스도(벧전 1:18~19)를 생각하고 그 위대한 전환을 감사하자.

차별 없는 구원

> 곧 예수 그리스도를 믿음으로 말미암아 모든 믿는 자에게 미치는
> 하나님의 의니 차별이 없느니라(3:22)

세상은 온통 차별이 난무한다. 나이, 성별, 재산, 학벌, 직업, 인종, 지역, 나라 등 어떻게든 급을 나누고 차이를 찾아 사람을 차별한다. 그러나 하나님은 차별하지 않으신다. 하나님의 의가 세상에 나타나 누구든지 예수 그리스도를 믿는 자는 의롭다 하시고 자녀 삼으신다.

마태복음 1장 예수님의 족보에는 네 명의 여인이 나온다. 다말, 라합, 룻, 밧세바다. 다말은 시아버지와 동침한 부도덕한 여인이다. 라합은 기생이다. 룻은 이방 모압 사람이다. 밧세바는 다윗과 불륜한 여인이다.

이 족보에는 이스라엘을 대표하는 남자도 나온다. 아브라함, 야곱, 다윗, 솔로몬이다. 아브라함은 우상숭배자의 아들이고, 비겁한 남편이다. 야곱은 사기꾼이다. 다윗은 충신 우리아를 차도살인한 살인자이다. 솔로몬은 천 명의 처첩을 둔 난봉꾼이다.

이들은 다 율법 아래서 멸망당해야 할 자들이다. 그러나 모두 구원을 받았다. 어떻게 그럴 수 있었는가? 하나님의 의를 믿었기에, 왕이든 나그네든 남자든 여자든 차별 없이 구원을 받았다. 우리 역시 마찬가지다. 원래는 멸망당할 이방 죄인이었지만 이 땅에 나타난 하나님의 의, 그리스도 예수를 믿음으로 차별 없이 구원을 받게 되었다.

차별 없이 은혜로 주어지는 구원에 감사하고, 오늘 그 구원을 한 사람에게 전해 보자.

09 하나님의 영광

모든 사람이 죄를 범하였으매 하나님의 영광에 이르지 못하더니
(3:23)

독일인은 말로 표현할 수 없는 아름다운 풍경이나 장엄한 광경을 보면 한목소리로 탄성을 지르는데 그 단어가 영광(herrlich)이다. 이를 직역하면 '주님 같은 것', '주님 닮은 것'이란 의미이다. 영광을 주님 같은 것, 주님 닮은 것으로 표현하다니 참으로 기이하다.

영광은 하나님의 신성에서 발산되는 광채이다. 성경에서는 영광을 세 가지로 표현한다. 첫째, 하나님 본체적 영광이다. 지상의 날씨와 상관없이 구름 위에는 언제나 태양이 빛나는 것처럼, 세상의 상태와 상관없이 하나님 존재 자체에서 발산되는 영광이다. 천국은 하나님의 본체적 영광이 영원한 곳이다.

둘째, 임재적 영광이다. 하나님이 세상에 임재하실 때 나타나는 영광이다. 하나님의 특별한 구원의 사명을 수행하는 자에게 또는 그 현장에 나타난다(출 14:16, 요 1:14).

셋째, 경험적 영광이다. 거듭난 자들에게 성령이 임하실 때 그리스도의 성품과 은사와 능력과 충만으로 경험되는 영광이다. 곧 임마누엘의 경험이다(벧전 1:21). 우리가 종종 "하늘의 영광 하늘의 영광 나의 맘속에 차고도 넘쳐"(찬송 445장)라고 찬송하듯이 하나님의 영광을 보거나 경험하게 되면 그로 인하여 고난과 죽음을 능히 이기고(행 7:55), 그 영광을 더욱 소망하며 하나님께 영광 돌리는 삶을 살게 된다(마 5:16).

"우리가 그분을 알 때 그분의 영광을 본다." 장 칼뱅

내가 경험한 하나님의 영광을 기억하고, 오늘 일상에서 주께 영광 돌리며 살자.

가장 소중한 선물

그리스도 예수 안에 있는 속량으로 말미암아 하나님의 은혜로 값
없이 의롭다 하심을 얻은 자 되었느니라(3:24)

인생에서 가장 소중한 것은 평안이다. 불안하고 두려
우면 건강해도, 똑똑해도, 소유가 풍성해도, 권력이 높아
도 아무 소용이 없다. 신문지상에 나오는 미신에 빠진 권
력자들이나 돈에 매인 기업가들을 보며 평안하다고 여기
는 사람은 아무도 없을 것이다. 평안이 가장 소중한 선물
이다(요 14:27). 평안은 어디서 오는가? 모든 죄를 용서받았
다는 사죄, 곧 의롭다 함의 확신에서 온다. 이것이 없다면
늘 불안하고 두려워하며 갈등과 고뇌, 저주의 생이 된다.

젊은 날 개혁자 마틴 루터는 집에 다녀오던 길에 동행
하던 친구가 벼락을 맞고 즉사하는 끔찍한 일을 당한다.
이를 계기로 그는 수도원에 입교한다(1505). 수도사가 된
후에도 루터는 죄로 인해 끊임없이 솟구치는 불안과 두려
움에 빠지곤 했다. 그때마다 신부를 찾아가 고해성사를
했다. 너무 자주 오자 담당 신부가 "루터야, 제발 죄 좀 모

아 갖고 오너라"라고 할 정도였다.

후에 그는 소위 '탑의 체험'이라 불리는 경험을 한다 (1513). 시편 22편 1~2절을 묵상하다가 자신의 비참한 모습을 떠올렸다. 그러나 곧바로 이 시편이 자신이 아닌 그리스도를 묘사한 글임을 깨닫는다.

"하나님으로부터 버림을 받을 수밖에 없는 나 대신, 그리스도가 친히 하나님으로부터 버림을 받았다. 죄 없으신 그리스도가 내 죄를 담당하시고 나 대신 죄인이 되셨다!"

루터는 믿음으로 의롭다 함의 확신을 얻었다. 비로소 그는 평안을 누릴 수 있게 되었고, 후에 개혁자로 나설 수 있었다.

시편 22편 1~2절을 묵상하고, 믿음으로 의롭다 함의 확신을 품어 오늘도 평안을 누리자.

11 인생을 결정짓는 세계관

그리스도 예수 안에 있는 속량으로 말미암아 하나님의 은혜로 값
없이 의롭다 하심을 얻은 자 되었느니라(3:24)

사람들은 저마다 행복을 구한다. 하지만 잘못 구하는
경우가 많다. 흔히 행복이 소유나 지위, 환경이나 능력에
달렸다고 생각한다. 아니다. 행복은 시각에 달려 있다. 세
상을 어떻게 보고, 해석하느냐에 좌우되는 것이다. 소위
'세계관' 문제다.

우리의 세계관은 크게 세 가지로 나눌 수 있다. 하나,
운명적 세계관이다. 인생의 생사화복을 운명으로 여기며
체념하고 순응한다. 생의 소망이 없기에 가난, 장애, 고난
을 극복하려는 의지와 책임이 없다. 그저 우연과 운명에
맡기고 되는대로 무기력하게 사는 절망적 인간이 된다.

둘, 율법적 세계관이다. 모든 것을 인과(因果)의 법으
로 생각한다. 아무리 성공해도 다 자기 수고의 대가이기
에 감사하지 않는다. 더구나 그 과정에서 소중한 사랑, 인
격, 관계, 믿음을 잃어버린다. 교만해져서 이웃을 비난하

고 무시하며 지독한 자기애(나르시시즘)에 빠지는 비도덕적 인간이 된다.

셋, 은혜적 세계관이다. 모든 것을 은혜로 여긴다. 그중 가장 큰 은혜는 하나님의 의가 나타난 것이다. 곧 속량의 은혜요, 의롭다 하심의 은혜다. 이 은혜적 세계관으로 사는 사람은 누구든 하나님 자녀가 되어 하늘에 속한 모든 신령한 복(엡 1:3)을 누리게 된다. 여기에 감사와 감격, 참된 행복이 있다.

"나 아무것 없어도/ 주님이 있고/ 나 아무것 할 수 없으나/ 주 하시네/ 나 무력해도/ 주는 강하시며/ 나 모든 것 모르나/ 주는 다 아시네/ 나 어두울 때/ 주 빛 되시고/ 나 어디 가야 좋을지 모를 때/ 주 나의 길 되시네/ 나 슬픔에 잠기어/ 낙심될 때/ 선하신 주의 팔 날 붙드셨네." **송명희**

나의 세계관이 은혜적 세계관이 될 수 있도록 날마다 십자가 은혜를 생각하고 감사하자.

너무나 멋진 자유

그리스도 예수 안에 있는 속량으로 말미암아 하나님의 은혜로 값 없이 의롭다 하심을 얻은 자 되었느니라(3:24)

나는 한 권사를 안다. 예배는 물론 섬김, 봉사에 열심이고 일상에서 신실한 크리스천이다. 그런데도 고난을 겪을 때가 있다. 그는 고난이 닥칠 때면 이렇게 한다고 한다. "하나님께 바짝 엎드리지요. 그러면 하나님께서 선하게 해결해 주세요." 참 좋은 신앙이다.

여기서 한 발 더 나아간 신앙이 있다. 나는 한 집사를 안다. 그는 고난을 겪을 때 하나님께 묻는다고 한다. "하나님 무슨 일이지요? 뭘 더 좋은 것을 주시려고 그러세요. 주의 뜻이 뭔지 가르쳐 주세요. 그리고는 더 감사하고, 더 믿음을 구하지요. 그러면 넉넉히 이기게 됩니다." 와, 멋진 믿음이다!

이들은 인생의 고난 앞에서도 어떻게 이런 자유를 누릴 수 있는가? 속량과 의롭다 함 때문이다. '속량'은 시장 언어다. 어떤 선한 분이 노예를 비싼 값에 사서 그에게 자유를 주었다. 그는 자유의 몸이 되었다. 그게 다가 아니다. '의롭다 함'은 법정 언어다. 법정에서 판사가 속량을 확인하고 '이제 너는 노예가 아니다'라고 선언한 것이다. 비로소 노예는 완전히 자유인이 된다.

예수께서 우리의 모든 죗값을 십자가로 속량하셨다. 또 십자가 속량을 근거로 하나님 아버지께서 죄인을 의롭다고 선언하셨다. 이 모든 것이 "은혜로 값없이" 이루어졌다. 이를 믿음으로 우리는 삶의 고난, 죄와 병고로부터 완전히 자유롭게 되었다(마 8:17, 요 8:32, 갈 5:1). 이제 믿음으로 그 자유를 누리면 된다.

내게 이루어진 속량과 의롭다 함의 은혜를 생각하며 오늘도 은혜의 자유를 누리자.

예수의 피밖에 없네

> 이 예수를 하나님이 그의 피로써 믿음으로 말미암는 화목제물로
> 세우셨으니 이는 하나님께서 길이 참으시는 중에 전에 지은 죄를
> 간과하심으로 자기의 의로우심을 나타내려 하심이니(**3:25**)

"나의 죄를 씻기는 예수의 피밖에 없네. 다시 정케 하기
도 예수의 피밖에 없네."

운전 중에 라디오에서 찬송(252장)이 흘러나왔다. 예수
의 피밖에 없네, 예수의 피밖에 없네, 그 순간 예수님 보
혈에 대한 감격으로 온몸이 전율했다. 주체 할 수 없어 도
로변에 차를 세우고 마냥 흐느꼈다. 행복에 겨운 기쁨의
눈물이었다.

예수의 피는 속량의 피다(롬 3:24). 죄 사함의 피다(히
9:22). 정결하게 하는 피다(요일 1:7). 거룩하게 하는 피다
(히 13:12). 저주를 간과(pass over)하게 하는 피다. 하나님
께 나아가게 하는 피다(히 10:22). 영생의 피다(요 6:54). 구
원의 피다. 한마디로 보배로운 피다(벧전 1:19).

왜 예수의 피는 보배로운가? 예수가 '화목 제물'이시기

때문이다. 인간은 죄로 인해 하나님과 원수가 되었다. 거룩하신 하나님은 인간과 관계할 수가 없다. 하나님의 의가 손상되기 때문이다. 하나님은 예수를 화목 제물로 세우셨다. 예수께서 스스로 하나님의 어린양(요 1:29) 되어 십자가에서 피를 흘리셔서 하나님의 의가 우리에게 전가된 것이다. 그리하여 이를 믿은 자마다 의롭다 함을 얻고 담대히 하나님께 나아갈 수 있게 되었다(히 4:16). 십자가 예수의 피가 우리를 살린 것이다. 그러니 예수의 피밖에 없다. 이보다 더 큰 은혜는 없다.

"영원토록 내 할 말 예수의 피밖에 없네. 나의 찬미 제목
은 예수의 피 밖에 없네."

예수 십자가 보혈의 능력을 믿고, 오늘도 담대하게
구원의 능력과 은혜를 누리자.

십자가 하나면 충분하다

곧 이 때에 자기의 의로우심을 나타내사 자기도 의로우시며 또한
예수 믿는 자를 의롭다 하려 하심이라(3:26)

하나님께서는 예수 십자가로 동시에 세 가지를 이루
셨다. 첫째로 속량이다. 죄의 노예로 살던 인간의 죗값을
예수 십자가로 지불하고 자유롭게 하셨다. 둘째로 화목
이다. 예수께서 친히 화목 제물이 되심으로 하나님과 원
수가 된 인간이 담대히 하나님께 나아가게 되었다. 셋째
로 의(義)이다. 십자가의 속량과 화목 제물을 통하여 하나
님께서는 예수 믿는 자를 의롭게 하셔서 천국을 소망하며
은혜와 의가 넘치는 삶을 살게 하셨다(롬 5:17).

개혁자 루터가 수도사로 있을 때의 일이다. 그는 내면
에서 솟구치는 죄로 인한 가책이 많았다. 그 내적 혼돈을
한 선배에게 편지로 가끔 고백했다. 나중에 너무 심해져
계속 '내 죄, 내 죄' 하며 같은 말만 되풀이하자 선배가 이
렇게 회신했다고 한다.

"하나님은 당신이 생각하는 이런 죄, 저런 죄 다 사할

수 있으니 염려하지 마시오. 그러나 용서받지 못할 단 한 죄가 있소. 그것은 하나님의 의, 십자가를 믿지 않는 죄요."

　　오직 믿음, 십자가 믿음으로 우리는 인생의 모든 난제가 해결되는 구원을 얻는다. 참된 인생은 십자가에서 시작되고, 십자가 하나로 충분하다(요 19:30, 고전 1:18, 고후 13:4).

십자가의 세 가지 은혜를 묵상하고, 은혜와 의가 넘치는 삶을 살기를 기도하자.

믿음으로 가는 나라

그런즉 자랑할 데가 어디냐 있을 수가 없느니라 무슨 법으로냐
행위로냐 아니라 오직 믿음의 법으로니라 그러므로 사람이 의롭
다 하심을 얻는 것은 율법의 행위에 있지 않고 믿음으로 되는 줄
우리가 인정하노라(3:27~28)

청년 시절 교사로 봉사하며 아이들과 함께 부르던 찬
양이 생각난다. "돈으로도 못 가요 하나님 나라. 힘으로도
못 가요 하나님 나라. 벼슬로도 못 가요 하나님 나라. 지
식으로 못 가요 하나님 나라. 거듭나면 가는 나라 하나님
나라. 믿음으로 가는 나라 하나님 나라."

구원은 먼저 은혜다. 한 '하나님의 의'가 세상에 나타
났다. 곧 예수 그리스도다. 그분이 십자가에 죽으심으로
'속량'과 '화목'을 이루셨다. 이것을 믿음으로 우리는 하나
님의 의를 덧입어 구원을 얻는다. 이것이 칭의요, 거듭남
이요, 자녀 됨이요, 주의 풍성을 누리는 것이요, 영생을 사
는 것이다(롬 3:24, 요 1:12, 3:5, 3:16, 10:10).

하나님께서 이 모든 일을 행하셨다. 그저 우리는 믿음
으로 누리면 된다. 먼저 은혜요, 그다음 믿음이다(엡 2:8).

오직 은혜, 오직 믿음이다. 이런저런 일들로 우리는 자주 우울해하고 실망하고 낙심한다. 그러나 바로 그때가 예수 십자가 구원을 믿을 때이다. '주께서 십자가로 다 이루셨다. 나와 함께 계신다'라고 믿고 선포하라. 애초에 내가 한 일은 없었다. 주께서 모든 것을 이루신다. 오늘도 오직 은혜, 오직 믿음이다.

"믿음의 효험은 우리가 믿는 믿음의 강도에 달린 것이 아니다. 우리가 믿는 분이 신뢰할 만한 분인가에 달려 있다. 중요한 것은 우리의 믿음이 위대한 것이 아니라 우리가 믿는 하나님이 위대하시다." **마틴 루터**

교리적 앎이 아니라 삶에서, 오늘 일상에서 예수 십자가 믿음으로 구원을 경험하자.

03
16

나의 왕 나의 하나님

하나님은 다만 유대인의 하나님이시냐 또한 이방인의 하나님은
아니시냐 진실로 이방인의 하나님도 되시느니라(3:29)

그저 은혜이다. 한량없는 은혜이다. 갚을 수 없는 은
혜이다. 진노 가운데 저주받고 멸망으로 버려진 나를 구
원하시다니. 나는 본래 하나님을 아버지라 부를 수 없는
이방인이었다. 그런데 하나님께서 은혜로 나를 구원의 자
리에 초대해 주신 것이다.

요나단의 아들 므비보셋이 왕의 식탁에 초대받았던
장면이 떠오른다. "이 종이 무엇이기에 왕께서 죽은 개 같
은 나를 돌아보시나이까"(삼하 9:8) 온 집안이 풍비박산되
고, 두 발에 장애를 가진 채 지내던 그는 순전히 은혜로
왕의 식탁에 오르고 왕자의 하나로 살게 되었다.

나에게도 이런 차별 없는 하나님의 은혜(롬 3:22)가 나
타났다. 바로 십자가에 나타난 은혜로 말미암아 나는 므
비보셋처럼, 왕의 자녀로서 권세를 누리게 되었다. 그 복
은 평안(요 14:27), 자유(요 8:32), 강건(요 16:20), 풍성(요

10:10), 사명(요 20:21), 승리(요 16:33), 영생(요 3:16)이다. 한 마디로 임마누엘(요 14:16)의 복이다. 그래서 난 매일 아침 눈을 뜨면, 두 손을 살포시 올리고 이렇게 기도한다.

"아, 행복한 새날입니다. 감사합니다. 오늘도 십자가 사랑으로 주의 나라, 주의 뜻, 주의 영광을 위하여 살겠습니다."

나를 자녀 삼아 주신 은혜를 기억하고, 나의 왕 하나님을 찬송하며 전하자.

믿음으로 하나 된 우리

할례자도 믿음으로 말미암아 또한 무할례자도 믿음으로 말미암아 의롭다 하실 하나님은 한 분이시니라(3:30)

오래전 길을 걷다가 흘러나오는 노래를 듣게 되었다. 가요였지만 순간 내 가슴을 울컥하게 하는 감동이 있었다.

"인생은 미완성 쓰다가 마는 편지. 그래도 우리는 곱게 써 가야 해. 사랑은 미완성 부르다 멎는 노래. 그래도 우리는 아름답게 불러야 해. 사람아, 사람아, 우린 모두 타향인 걸. 외로운 가슴끼리 사슴처럼 기대고 살자." **이진관, 인생은 미완성**

할례자든 무할례자든, 유대인이든 이방인이든, 나라 민족 지위 성별 나이에 차별 없이 우리는 그리스도 안에서 믿음으로 의롭다 함을 받고 '하나'가 되었다. 우린 한 분 하나님을 믿는다. 한 하나님 아버지, 한 그리스도 예수를 믿는다. 한 하나님 자녀가 되었다. 한 하나님 말씀을 나눈다. 한 교회를 이룬다. 한 성령의 인도를 받는다. 한 그리스도 예수를 전한다. 한 하나님 나라를 이 땅에 이룬다. 한 천국을 소망하고 영원히 산다.

　이 땅은 타향이다. 세상은 우리를 적대하고 박해한다. 그럼에도 우리는 사랑의 편지를 써야 한다(고후 3:2). 그리스도께서 우리에게 친히 사랑의 편지가 되셨듯이 우리도 곱게 써야 한다. 아무리 미완성일지라도 사랑의 편지를 쓰고, 노래를 부르는 것이 우리의 사명이다. 때때로 외로울 것이다. 시련도 있을 것이다. 박해도 있을 수 있다. 그래도 괜찮다. 외로운 가슴끼리 서로 격려하고 기도하며 한 형제 한 교회 한 식구로 사랑하며 살자(엡 2:13, 19).

　믿음으로 하나 되었으니, 한 몸 된 교회 지체들을 위해 기도하며 피스 메이커로 살자.

03
18 나의 믿음 나의 사랑

> 그런즉 우리가 믿음으로 말미암아 율법을 파기하느냐 그럴 수 없
> 느니라 도리어 율법을 굳게 세우느니라(3:31)

우리의 믿음은 '오직 예수'다. 예수 십자가 속량을 믿
는 것이다. 십자가 속량은 아가페 사랑으로 이어진다. 사
랑은 모든 허물을 덮는다. 모든 것을 참고, 믿고, 바라고,
견딘다. 모든 것을 이긴다. 우린 십자가 속량을 믿음으로
의롭다 함을 얻어 하나님 자녀가 된다.

이제 내가 사는 것은 내가 아니다. 나는 십자가에 죽고
내 안에 사시는 그리스도, 그분의 사랑으로 산다(갈 2:20).
오직 하나님만 사랑하고 더욱 이웃을 사랑하게 된다. 결
국은 믿음으로 인하여 율법의 본의(本義)도 굳게 세워지는
것이다(마 22:37~40).

"예수는 나에게 누구입니까? 예수는 육화하신 말씀입니
다. 예수는 생명의 양식입니다. 예수는 우리의 죄를 위
한 십자가 속량입니다. 예수는 세상의 죄와 나의 죄를

위해 봉헌되는 희생 제물입니다. 예수는 우리가 선포해
야 할 말씀입니다. 예수는 우리가 말해야 할 진리입니
다. 예수는 우리가 켜야 할 불입니다. 예수는 우리가 사
랑해야 할 사랑입니다. (중략) 예수는 우리가 먹여야 할
생명의 양식입니다. 예수는 우리가 채워 주어야 할 굶주
린 사람입니다. 예수는 우리가 갈증을 해소해 주어야 할
목마른 사람입니다. (중략) 예수는 나의 모든 것입니다.
예수여, 나의 전심과 나의 전 존재로서 당신을 사랑합니
다. 아멘." **마더 테레사**

예수는 나에게 누구인지 고백하고, 그 고백을 사랑
의 삶으로 실천할 것을 다짐하자.

나를 필요로 하신다

그런즉 육신으로 우리 조상인 아브라함이 무엇을 얻었다 하리요
(4:1)

하나님께서는 언제나 '사람'을 통해 일을 행하신다. 사람을 택하시고, 사람을 부르시고, 사람을 기르시고, 사람을 보내서서 일하신다.

믿음으로 얻는 의, 이 구원의 도를 온 세상에 전하고 이루기 위해 하나님은 한 사람을 택하셨다. 바로 아브라함이다. 왜 바울은 복음을 설명하며 아브라함을 언급하는가?

먼저 그는 유대인 모두가 아는 존경의 대상이기 때문이다. 또한 그 역시 죄인(창 20:2, 수 24:2)이기에, 그 후손인 유대인이 의롭다고 주장할 수 없기 때문이다. 그리고 아브라함의 의는 결코 행함에 달린 게 아니기 때문이다. 아브라함이 아브라함 될 수 있었던 것은 순전히 은혜였다. 그는 모세 율법 이전의 사람이다. 율법이 아니라 오직 믿음으로 의롭다 함을 얻었다.

하나님은 아브라함뿐 아니라, 오늘도 이 믿음의 한 사

람을 사용하신다. 그 한 사람을 찾고 계신다. 故 하용조
목사는 어느 날 밤 하나님께서 자신을 부르시는 환상을
보고 감격하여 눈물범벅으로 이런 일기를 썼다고 한다.

"나를 사랑하시다 못해, 기다리시다 못해 십자가에 죽
기까지 하신 주님이 이제 내가 필요하다고 하신다. 지
금 이때가 아니면 내가 언제 순종할까? 그날 밤 나의 일
생을 주님께 헌신했다. 질병은 나의 목회 1번지다. 오늘
내가 나 된 것은 바울의 고백처럼 하나님의 은혜다."

아, 하나님이 죄인 된 우리 인간을 필요로 하신다니(사
43:1), 이 웬 은혜인가?

나를 쓰시는 하나님 은혜에 감사하며 십자가 앞에
서 다시 순전한 헌신을 결단하자.

이만하면 넉넉하다

만일 아브라함이 행위로써 의롭다 하심을 받았으면 자랑할 것이
있으려니와 하나님 앞에서는 없느니라(4:2)

"나에게 선물하고 싶은 것은/ 단 세 가지/ 풀무로 달궈
만든 단순한 호미 하나/ 두 발에 꼭 맞는 단단한 신발 하
나/ 편안하고 오래된 단아한 의자 하나/ 나는 그 호미
로 내가 먹을 걸 일구리라/ 그 신발을 신고 발목이 시리
도록 길을 걷고/ 그 의자에 앉아 차를 마시고 저녁노을
을 보고/ 때로 멀리서 찾아오는 벗들과 담소하며/ 더 많
은 시간을 침묵하며 미소 지으리라/ 그리하여 상처 많
은 내 인생에/ 단 한마디를 선물하리니/ 이만하면 넉넉
하다." **박노해, 세 가지 선물**

호미, 신발, 의자. 아주 평범한 그것이 내게 선물이 될
수 있는 것은 '가난한 마음' 때문이다. 가난한 마음은 아무
나 가질 수 없다. '은혜를 입은' 자가 소유하는 복된 마음
이다(마 5:3). 은혜가 없다면, 은혜를 모른다면 제아무리

소중한 것도 선물일 수 없고 기쁨일 수 없다. 도리어 불만, 불안, 불행이 있을 뿐이다.

세상을 향한 하나님 은혜의 핵심은 '이신칭의'다. 이는 세 가지 의미를 함축하고 있다. 하나, 인간의 선한 행위 곧 자기 의를 배제시킨다. 둘, 유대인과 이방인 모두 차별 없이 오직 믿음으로 의롭다고 하신다. 셋, 율법을 파기하지 않고 도리어 굳게 세우며 성취한다.

이신칭의는 십자가 속량을 믿음으로 얻는 의(義)이다. 이 믿음으로 우리는 한량없는 은혜 안에 거하며 모든 것을 다 선물로, 축복으로 받게 된다. 인생의 시험과 고난조차 선물로 받는다(약 1:2~4). 기독교의 모든 축복은 이신칭의의 은혜를 믿음으로 시작된다.

이신칭의의 은혜에 감사하며 내 삶에 주어진 선물의 내용을 적고, 나눠 보자.

오직 성경으로

성경이 무엇을 말하느냐 아브라함이 하나님을 믿으매 그것이 그에게 의로 여겨진 바 되었느니라(4:3)

세상에는 나름의 작동 원리, 즉 메커니즘이 있다. 세상이 바르고 아름답게 잘 돌아가는 것은 그 법칙이 있기 때문이다. 법칙이 무너지면 세상도 함께 무너진다. 한 예로 교통 법칙을 잘 지켜야 사고를 예방하고, 모두가 안전하게 다닐 수 있다. 이외에도 자연법칙, 사회 법칙, 공공의 법칙이 있다. 이를 잘 따르는 것이 안전하고 조화로운 삶을 사는 길이다.

성경은 창조와 구원 법칙이 기록된 책이다. 이것을 압축하면 이신칭의이다. 바울은 이 이신칭의의 근거를 성경 속 아브라함에게서 찾는다. 아무리 아름답고 고상하고 위대한 말이라도 성경의 토대 위에 서 있지 않으면 가짜요 사이비다. 성경은 구원의 책이다. 교훈, 책망, 교정, 교육하여 하나님의 사람으로 온전함에 이르게 하는 책이다(딤후 3:15~17).

세상에는 헤아릴 수 없이 많은 책과 글이 있다. 그러나 그 어떤 책도 하나님의 사람으로 거듭나게 하고, 성숙과 완전에 이르게 하지 못한다. 성경만이 인생길의 등이요, 구원의 빛이다(시 119:105). 성경만이 창조와 구원의 법칙이요, 하나님 말씀이기 때문이다.

성경이 매일 내 삶의 등이 되고 길이 되고 있는지 점검하고 더 가까이하기로 결단하자.

제1호 크리스천

성경이 무엇을 말하느냐 아브라함이 하나님을 믿으매 그것이 그에게 의로 여겨진 바 되었느니라(4:3)

로마서는 구원에 대해 아주 깊고 상세하게 다루는 책이다. 이 로마서를 이해하는 핵심 키워드는 세 단어, 속량과 화목과 의(義)이다(롬 3:24~25). 하나님께서 예수 십자가로 단번에 이 셋을 이루어 구원의 길을 마련하셨다. 오직 은혜다. 이 은혜를 믿음으로 갈보리 언덕의 십자가 사건이 이제 나의 사건, 나의 구원, 나의 감격이 된다. 본문은 그 믿음의 첫 역사가 아브라함에게서 시작되었다고 말한다. 그는 믿음의 조상, 제1호 크리스천인 것이다.

그의 믿음이 어떠했기에 의로 여겨진 것일까? 첫째로 자기 의를 부인한 믿음이다(창 12:1). 그는 과거의 인간적 성취, 관습, 생활 양식을 다 부인하고 길을 떠났다. 이렇듯 지난 삶의 죄인 됨을 인정하는 자만이 하나님께 나아갈 수 있다. 둘째로 은혜를 은혜로 받는 믿음이다(창 18:10~19). 그는 나이 아흔아홉에도 아들을 주겠다고 하시

니, 자신의 인간 한계를 헤아리지 않고 은혜로 받아들였
다. 오늘 우리의 불행은 십자가의 은혜를 믿음으로 받지
못하는 것이다. 셋째로 사랑의 행함이 있는 믿음이다(창
22:9~10). 그는 백 세에 얻은 소중한 아들을 하나님의 말씀
에 따라 모리아 산에 올라 그대로 바친다. 이는 율법적인
행동이 아니라, 온전히 하나님을 사랑하는 믿음에서 나온
순종이다(약 2:26).

아브라함의 믿음을 살피며 내 믿음을 점검하고, 더
욱 믿음으로 살기로 다짐하자.

비교할 수 없는 믿음

> 일하는 자에게는 그 삯이 은혜로 여겨지지 아니하고 보수로 여겨
> 지거니와 일을 아니할지라도 경건하지 아니한 자를 의롭다 하시
> 는 이를 믿는 자에게는 그의 믿음을 의로 여기시나니 **(4:4~5)**

기독교 믿음은 '예수 임마누엘'이다. 예수는 임마누엘
(우리와 함께하시는 하나님)이고, 임마누엘은 예수(구원자)이
기에 다른 어떤 종교와도 비교할 수 없다. 마치 하늘과 땅
이 다르듯 다르다.

믿음의 대상이 다르다. 그들은 만들어진 신을 믿지만,
우리는 여호와 창조주 하나님을 믿는다. 믿음의 과정이
다르다. 그들은 믿을수록 속박되지만, 우리는 더 자유를
누린다. 믿음의 결과가 다르다. 그들은 구원에 대해 불확
실하지만, 우리는 믿음으로 영생과 천국의 확신이 있다.
믿음의 목적이 다르다. 그들은 소원 성취를 구하지만, 우
리는 먼저 주의 나라와 의를 구한다.

무엇보다 구원의 방법이 다르다. 그들은 엄한 계율과
도(道) 닦음으로 구원을 얻는다고 믿는다. 티베트 라마승
에 관한 다큐멘터리를 본 적이 있다. 그들은 오체투지(五

體投地)의 절을 하며 성지 라싸까지 극한의 순례를 한다. 세 걸음마다 한 번씩 무릎을 꿇고 팔꿈치와 이마를 땅에 대고 절을 하며 그 길을 간다. 열두 달 동안 추위와 더위를 견디며 간다. 병이 나도 오체투지를 계속하며 간다. 그것이 그들의 구원 방법이기 때문이다. 그러나 우리는 아니다. 일한 것 없이 오직 은혜로, 오직 믿음으로 구원을 얻는다. 예수 그리스도께서 십자가로 우리 대신 모든 질고를 담당하셨기 때문이다(사 53:3~5).

내게 믿음의 확신이 있는지 살펴보고, 겸손과 사랑으로 예수 임마누엘 믿음을 전하자.

03

24

죄인이 받는 복

> 일한 것이 없이 하나님께 의로 여기심을 받는 사람의 복에 대하여 다윗이 말한 바(4:6)

분명 다윗은 극악의 죄인이다. 그는 왕으로서 충신 우리아의 아내를 범한다. 그 죄를 숨기기 위해 우리아를 전장에 보내 죽게 한다. 그는 파렴치한 성범죄자, 가정 파괴범, 살인자이다. 그런 그가 복을 받았다. 어떻게 이런 일이 일어날 수 있는가?

다윗은 범죄 이후 나단 선지자의 책망을 받는다. 그는 왕이었지만, 즉시 잘못을 시인하고 자백한다(삼하 12:13). 죄를 토설하고 회개한다(시 32:3~4, 51:3~5, 17). 하나님은 죄에 대한 심판으로 밧세바에게서 태어난 아들을 죽음에 이르게 하신다. 그리고 사죄를 선언하신다.

이것이 믿음으로 얻는 칭의(稱義)이다. 믿음으로 말미암는 불법의 사하심이요, 죄악의 덮으심이다. 죄인을 의인으로 사면하는 복이다. 이 복으로 다윗은 이스라엘 역사에 길이 남는 왕이 되었고, 아브라함과 함께 그리스도 예수의 조상이 되는 은혜를 입었다(마 1:1).

　아, 놀라운 일이다. 죄인이 이렇게 복을 받을 수 있다니… 더 놀라운 일이다. 이 복이 예수 십자가 속량을 믿는 자, 오늘 나에게도 주어졌다니… 오직 은혜로 오직 믿음으로 말이다(시 32:5~7, 엡 1:7, 딛 2:14).

　십자가 속량을 믿음으로 받은 복을 헤아려 보고 오늘 하루 하나님께 감사하며 살자.

네 인생으로 증명하라

> 불법이 사함을 받고 죄가 가리어짐을 받는 사람들은 복이 있고
> 주께서 그 죄를 인정하지 아니하실 사람은 복이 있도다 함과 같
> 으니라(4:7~8)

한 소년이 강물에 빠져 익사 직전에 있었다. 그곳을 지
나던 한 신사가 위험을 무릅쓰고 강물에 뛰어들어 애쓴
끝에 소년을 구출했다. 소년은 정신을 차리고 아버지와
함께 신사를 찾아가 감사의 인사를 했다. "감사합니다. 생
명을 구해 주신 은혜에 보답하고 싶습니다." 그러자 신사
가 대답했다.

"네가 내 생명을 바칠 만큼 소중한 사람이라는 것을 앞
으로 네 인생을 통해 증명해 보이거라. 그거면 충분하다."

우리 역시 죄와 죽음의 강물에 빠져 허우적대던 인생
들이다. 다윗처럼 겉으로 드러나지 않았더라도 들키지 않
는 죄인, 드러나지 않는 죄인, 철저히 가면을 쓴 죄인이
다. 회칠한 무덤 같은 교묘한 죄인이다. 그런데 하나님의
아들 예수께서 이 세상에 뛰어들어 불법이 사함을 받고,
죄가 가리어짐을 받고, 죄인이 의인이 되는 복을 받았다.

하나님 자녀로서 분에 넘치는 풍성과 영광을 누리며 산다
(요 1:12, 엡 1:18, 3:16). 이제 우리는 어떻게 살아야 하는가?

> "오 주 하나님, 주님의 음성을 들을 수 있도록 겸손한 마
> 음을 주옵소서. 주님을 섬길 수 있도록 사랑을 더하여
> 주옵소서. 주 안에 살 수 있도록 믿음을 주옵소서. 나를
> 위해 몸 바치신 주님, 저도 주님께 '아멘'으로 대답하겠
> 습니다." **다그 함마르셸드**

하나님이 주신 은혜를 내 삶으로 어떻게 증명할 것
인지 생각하고 다시 나를 드리자.

복을 받은 자의 행복

그런즉 이 복이 할례자에게냐 혹은 무할례자에게도냐 무릇 우리
가 말하기를 아브라함에게는 그 믿음이 의로 여겨졌다 하노라
(4:9)

혼히 사람들은 오복(壽壽, 부富, 강녕康寧, 유호덕攸好德, 고종명考終命)을 원하고 구한다. 하지만 그 가치를 알지 못하면 도리어 복이 화가 된다. 가치를 아는 것이 복이고, 감사함이 복이다. 아무리 복된 것을 소유했더라도 가치를 알지 못하면 복이 될 수 없다. 그래서 시편 기자는 "존귀하나 깨닫지 못하는 사람은 멸망하는 짐승 같도다"(시 49:20)라고 말한다. 무지가 불행이요, 무감동이 불행이요, 불신이 불행이다.

우리가 진정 알아야 할 복, 본문이 말하는 "이 복"은 이 신칭의다. 이를 깨달으면 죄인임에도 불구하고 하나님과의 관계가 회복되어 모든 것을 가진 복된 인생(고후 6:10)이 된다. 첫째로 죄책으로부터 자유롭게 된다. 죄의식과 죄책감은 우리를 근심, 두려움, 불면, 인격 파탄, 죽음 등으로 몰고 가는데 이에서 벗어나 평안을 누리게 된다(시

103:12, 사 1:18).

둘째로 죽음을 이기고 영생을 살게 된다. 죽음은 우리를 두려움과 허무에 빠뜨리는데 이에서 벗어나 소망과 기쁨으로 오늘 충실하게 된다(고전 15:58).

셋째로 임마누엘 구원을 경험하게 된다. 이제는 무엇이든 주님과 함께 행함으로 범사가 복이 되고(시 23:1), 내 생각과 다른 결과도 합력하여 선이 되는 축복을 경험한다(롬 8:28). 이신칭의, 이 복이 진짜 복이요 최고의 복이다.

"주님, 여기 오셔서 주님 나라가 드러나게 하소서. 주님의 십자가 앞에서 모든 것이 하나가 되기 때문입니다. 주님의 사랑과 평화가 세상을 치유합니다. 주 예수여, 여기에 오소서." **크리스토프 바스**

세상이 구하는 오복이 아니라 하나님이 주시는 "이 복"의 은혜를 누리고 찬양하자.

03

27 먼저 은혜다

그런즉 그것이 어떻게 여겨졌느냐 할례시냐 무할례시냐 할례시
가 아니요 무할례시니라(4:10)

은혜는 무가치한 자, 무자격인 자에게 주어지는 하나
님의 긍휼과 자비에서 나오는 복이다. 이 은혜로 아브라
함은 의롭다 함을 받았다. 할례로 받은 것이 아니다. 성
경에서 아브라함이 의롭다 함을 받은 것은 창세기 15장
이다. 할례는 17장에 나온다. 시간상으로도 14년 정도 차
이가 난다. 칭의와 할례는 아무 상관이 없다. 먼저 은혜가
있었다. 그 은혜를 믿음으로 의롭다 함을 받았다(창 15:6).
은혜가 먼저였다. 그가 자랑할 것은 아무것도 없다.

우리가 하나님 자녀로 구원받은 것도 먼저 은혜가 있
었다. 하나님의 구원 계획, 성육신, 십자가 속량, 성령의
임하심, 교회 탄생, 복음 전도자의 수고와 같은 은혜들이
있었다. 무엇보다 예수께서 십자가에서 단번에 이루신 속
량, 화목, 의(義)의 은혜로 인하여 이를 믿음으로 우리는
구원을 얻은 것이다. 먼저 은혜이고 오직 은혜이다. 한량

없는 은혜이다. 자랑할 것은 아무것도 없다. 그 은혜에 감사하며 나를 드릴 뿐이다.

하나님의 은혜는 영원토록 솟아나는 샘물이다(요 4:14). 만약 이 같은 은혜가 없다면 그것은 나에게 문제가 있는 것이다. 뭔가 내가 그 흐름을 막고 있다는 증거다. 다름 아닌 은혜의 근원, 예수 십자가에 연결되지 않았거나 막혀 있는 것이다. 은혜의 근원이신 주 예수께 연결되어만 있으면 샘물처럼 끊임없이 기쁨, 감사, 온유, 화평, 인내, 충성, 헌신이 언제든지 솟구쳐 나오게 된다.

내가 믿기까지 이어져 온 복음의 역사와 수고에 감사하며, 내가 은혜의 근원에 연결되어 있는지 점검하자.

사랑의 증표

그가 할례의 표를 받은 것은 무할례시에 믿음으로 된 의를 인친
것이니 이는 무할례자로서 믿는 모든 자의 조상이 되어 그들도
의로 여기심을 얻게 하려 하심이라(4:11)

사랑에는 약속이 따른다. 서로가 만나 영원한 사랑을
이어 가기 위해서 사랑을 약속한다. 이 약속은 말로만 하
는 것이 아니다. 때마다 그 약속을 기억하고, 지키기 위해
서로 증표를 나누고 증인을 세운다. 그것이 결혼반지이
고, 결혼식이다.

아브라함은 의롭다 함을 얻고 14년 후에 할례를 받는
다. 이신칭의로 인하여 하나님은 아브라함과 사랑의 언약
을 맺는다. 그의 몸 가장 깊은 곳에 그 약속의 증표를 새
긴다. 이것이 할례다. 할례는 하나님과 아브라함 사이의
믿음과 사랑의 증표다. 그러나 증표보다 더 우선되는 것
이 있다. 그것은 이신칭의의 믿음 자체요, 은혜에 대한 진
실한 사랑의 헌신이다.

천국과 지옥을 보았다는 한 목사의 간증을 들었다. 그
는 겨우 구원을 받아 천국에 들어갔지만, 상급은 전혀 없

었다고 한다. 평생 목회하며 '하나님의 일'을 수없이 했다고 자부한 그였기에 충격적이었다. 그런 그에게 하나님의 음성이 들렸다. "모두 네 영광을 위해 한 것이지, 나를 위해 한 것이 아니다." 그 말이 그의 가슴을 쳤다. 그가 천국을 둘러보니 맨 앞자리에는 순교자들이 보였다.

사실 천국에 누가 들어갈지, 어떤 일이 있을지는 아무도 모른다. 한 가지 분명한 것은 세례, 직분, 봉사, 업적 등은 결코 자랑거리가 아니라는 점이다. 예수 십자가 속량에 대한 믿음과 그 은혜에 대한 진실한 사랑의 수고만이 구원이다. 오직 은혜, 오직 믿음, 오직 감사뿐이다.

나에게 십자가에 대한 믿음과 그 은혜에 대한 감사의 수고가 있는지 생각해 보자.

믿음의 발자취 따라

또한 할례자의 조상이 되었나니 곧 할례 받을 자에게뿐 아니라
우리 조상 아브라함이 무할례시에 가졌던 믿음의 자취를 따르는
자들에게도 그러하니라**(4:12)**

우리는 무슨 일을 하든 효율, 성취, 성공을 생각한다.
그러나 크리스천은 이보다 먼저 물어야 하는 것이 있다.
'믿음'이다. 이것이 그리스도 주님의 뜻인지, 주님을 사랑
하는 마음으로 하는지, 주님과 동행하며 하고 있는지가
중요하다.

아브라함은 믿음의 조상이다. 그는 할례자 유대인의
조상일 뿐 아니라, 믿음 안에서 무할례자 이방인의 조상
도 되었다. 그가 유대인으로서 할례를 받기 전에 하나님
의 부르심과 약속에 믿음으로 응답한 덕분이다. 그는 언
제나 하나님이 목적이었다. 가능하냐 아니냐, 할 수 있냐
없냐, 승산이 있냐 없냐를 따지지 않았다. 마음의 생각과
시선이 늘 하나님께 맞추어져 있었다. 그의 선택은 다른
무엇이 아닌 하나님 자신이었다.

아브라함은 우리도 그 믿음의 자취를 따르게 한다. 기

도하는 것도, 신앙생활을 하는 것도 응답과 문제 해결이 목적이 아니다. 먼저 주님 자신이어야 한다. 주님을 사랑하고, 주님의 뜻을 묻고, 동행하기 위함이어야 한다. 그러면 설혹 기도 응답을 받지 못해도 낙망하지 않는다. 결국 주님이 가장 좋은 것을 주시고, 가장 선한 길로 인도하심을 믿기 때문이다(창 15:1). 이것이 아브라함이 우리에게 보여 준 믿음의 발자취이다.

예수 믿고 기도하는 이유가 무엇인지 돌아보고 오직 믿음의 발자취 따르기를 기도하자.

나는 왜 힘이 드는가

> 아브라함이나 그 후손에게 세상의 상속자가 되리라고 하신 언약
> 은 율법으로 말미암은 것이 아니요 오직 믿음의 의로 말미암은
> 것이니라(4:13)

우리는 늘 자신의 일, 과업, 성공을 생각하느라 바쁘다. 그러다 보니 하나님과의 관계를 잊어버리기 십상이다. 본문의 아브라함은 놀라운 복을 받은 사람이다. "세상의 상속자"가 되었다. 그것은 그가 잘나서가 아니다. 하나님의 약속을 믿었기 때문이다. 그는 하나님의 세 가지 약속 곧 복 자체가 되리라는, 열국의 아비가 되리라는, 영원한 기업이 되리라는 사실을 믿었다. 더 정확히 이야기하자면 언약하시는 하나님 자신을 믿었다.

주의 일을 한다는 이들이 왜 힘이 드는가? 왜 실망하는가? 왜 시험에 드는가? 왜 타락하는가? 이유는 하나다. 하나님과의 관계가 소홀해졌거나 끊어졌기 때문이다. 하나님과 동행하지 않기 때문이다. 착각하지 말자. 우리가 일을 하는 것이 아니다. 하나님이 우리를 '통해' 일하신다. 우리가 주 안에 거할 때 하나님이 사용하신다. 우리가 하

나님을 믿고 그 안에 거할 때 하나님은 우리와 함께 일하
시고, 아브라함처럼 복의 통로로 사용하신다.

> "오늘날 하나님과 '함께' 일하는 사역자는 적고, 하나님
> 을 '위해' 일하는 사역자가 많다는 것은 슬픈 일이다. (중
> 략) 사역자의 실망은 사실 다른 사람에게서 오는 것이
> 아니다. 하나님과 잘못된 관계에 있는 우리 자신에게서
> 온다." **오스왈드 챔버스**

나는 하나님을 위해 일하는가, 함께 일하는가? 이제
하나님과 동행하기로 결단하자.

믿음으로 행하면 산다

만일 율법에 속한 자들이 상속자이면 믿음은 헛것이 되고 약속은
파기되었느니라(4:14)

노인과 어린이 돌봄 목회를 하는 한 목사를 안다. 하나만 해도 어려운데, 말도 많고 탈도 많은 두 가지 사역을 함께 하니 고단하고 힘든 것이 당연하다.

"아침에 일어나면 벌써 이런저런 사고들이 기다리고 있어요. 얼마 전까지만 해도 이런 일 처리가 답답하고 힘겨웠어요. 이젠 그렇지 않아요. 오히려 하나님이 어떻게 하려고 이러시나 기대가 돼요. 기도하면 지혜를 주셔서 넉넉히 해결되는 것이 너무 놀라워요."

그러면서 "쉬지 않는 기도 동행 덕분에 제 믿음이 쑥 자랐어요"라고 한다. 믿음으로 행하면 쉽다. 잘된다. 여유가 생긴다. 넉넉히 이긴다. 주의 약속이 이루어진다. 주께서 행하신 일로 놀란다. 하나님의 상속자가 된다. 이것은 내 안에 거하시는 하나님과 함께 일하기 때문이다. 그러나 믿음으로 하지 않고 내 열심, 내 경험, 내 능력 같은 율

법으로 행하면 어렵다. 힘들다. 안되면 불평불만, 잘되면 자기 의와 자랑이 된다. 결국 사람의 일, 헛된 일이 된다.

오직 믿음이다. 믿음으로 행한다는 것은 무엇인가? 하나, 하나님 자신을 구하는 것이다(요 14:1). 둘, 하나님의 약속을 믿는 것이다(요 15:7). 셋, 하나님이 나를 사랑하심을 믿는 것이다(롬 8:32). 넷, 선하신 하나님의 섭리를 믿는 것이다(롬 8:28). 다섯, 하나님이 나와 함께하심을 믿는 것이다(마 28:20). 이런 믿음으로 하루하루 살아가는 그 형제가 보내온 아침의 기도다.

"쉬지 않는 기도로 시작하니/ 하루하루 설레고/ 감사하라, 기뻐하라/ 연결되니, 신기하네!"

그동안 나는 하나님과 함께했는지 돌아보고 이제는 믿음으로 행하기로 결단하자.

로마서 365

4

신비한 그 힘

4월

나를 사랑으로 이끄는 가슴,

이 힘은 생명일까, 자유일까, 사명일까?

신비한 그 힘이 자꾸자꾸, 나를 밖으로 끌어내

온 세상 그득히 부활 잔치로 펼쳐 놓는다.

우리가 아직 죄인 되었을 때에 그리스도께서 우리를
위하여 죽으심으로 하나님께서 우리에 대한 자기의
사랑을 확증하셨느니라(롬 5:8)

♣ 빈 의자는 나와 함께하시는 그리스도를 뜻한다.

나부터 돌보라

율법은 진노를 이루게 하나니 율법이 없는 곳에는 범법도 없느니라(4:15)

살다 보면 힘들 때가 있다. 일, 사람, 주변 환경 문제로 낙심하는 날이 있다. 어느 날은 별일 아닌데도 엄청 힘들다. 공연히 무겁고 우울하고 기력 없는 날도 있다. 도대체 왜 그런 것일까? 단순히 체력 때문인가?

힘든 것은 약하기 때문이다. 이길 능력이 지금 내게 없는 것이다. 약하면 말 한마디에 넘어지고, 작은 시험에도 병이 든다. 믿음이 약해지거나 병들면 은혜는 없어지고, 모든 것이 다 율법이 된다. 계속 불평불만 비판하고 정죄한다. 별것 아닌 것이 부담과 충격이 된다. 자꾸 자책, 가책이 되어 두려움과 절망에 빠진다.

그럴 때는 무엇을 하기보다 먼저 나를 돌보라. 쉼과 충전의 시간을 가지라. 잘 먹고, 잘 쉬고, 잘 자고, 내 몸을 돌보는 것이 첫 번째 사역이고, 목회이고, 선교이다. 우리 마음과 몸은 하나님이 주신 성전이다(고전 3:16). 그 성전을 살펴야 한다.

돌봄은 몸에서 시작하여 영혼으로 나아간다. 크리스
천은 언제나 십자가에 반응하는 사람이다. 십자가 은혜
에 집중하면 삶의 모든 영역에서 회복이 일어난다. 영뿐
만 아니라 몸과 마음도 진정한 쉼과 회복을 얻는다(고전
1:18). 쉼과 새 힘을 얻고 싶다면 우리는 휴양지를 찾는 것
이 아니라 갈보리를 찾아야 한다.

힘이 드는 날은 내가 무엇을 놓쳤나를 생각하며 먼
저 자기 돌보기를 하자(계 2:5).

나도 믿음의 조상

그러므로 상속자가 되는 그것이 은혜에 속하기 위하여 믿음으로
되나니 이는 그 약속을 그 모든 후손에게 굳게 하려 하심이라 율
법에 속한 자에게뿐만 아니라 아브라함의 믿음에 속한 자에게도
그러하니 아브라함은 우리 모든 사람의 조상이라 (4:16)

어느 크리스천 가정에나 믿음의 조상이 있다. 한 집안
에 예수 신앙을 가져오고 이어 오는 귀한 사람들이다. 안
동 김씨인 우리 집안은 대대로 유교를 숭상해 왔다. 어린
시절, 할머니가 한 전도자의 권유를 받아 나를 데리고 교
회에 간 것이, 믿음의 첫 사건이었다 (1960). 이후 할머니는
집안의 온갖 핍박을 받아도 굳건히 믿음을 지키셨다.

돌아보니 할머니의 믿음에는 세 가지 특징이 있었다.
하나, 찬송하는 믿음이다. 핍박, 환난 중에도 할머니는 늘
찬송을 읊조리며 고난을 이기셨다. 둘, 감사하는 믿음이
다. 지독히 가난했던 시절이었으나 할머니는 산나물 좌판
을 하여 번 돈으로 주일마다 하나님께 감사 예물을 드렸
다. 감사가 끊이지 않았다.

셋, 중보하는 믿음이다. 나는 할머니와 같은 방을 썼

다. 할머니는 매일 새벽 내 머리맡에서 소리 내어 온 식구와 교회, 나라를 위해 기도하고 축복하셨다. 심지어 임종의 순간에도 나를 축복하셨다. "내가 하늘나라 가서도 너와 우리 집을 위해 축복할 거다." 할머니의 기도대로 우리 가정은 아버지를 시작으로 나와 아들이 목사가 되었다.

아브라함뿐만 아니라 누구든 믿음의 조상이 될 수 있다. 믿음으로 살면 믿음이 나를 통해 후대로 전수되기에 나 역시 누군가의 믿음의 조상이 된다(막 15:21, 롬 16:13, 딤후 1:5). 그러나 믿음으로 살지 않으면 아브라함의 조카 롯처럼 부끄러운 조상이 된다.

아브라함처럼 나의 믿음도 후대로, 주변으로 이어질 수 있도록 기도하고 행동하자.

기독교 신앙의 두 기둥

기록된 바 내가 너를 많은 민족의 조상으로 세웠다 하심과 같으
니 그가 믿은 바 하나님은 죽은 자를 살리시며 없는 것을 있는 것
으로 부르시는 이시니라(4:17)

아브라함의 믿음은 그저 놀랍다. 그의 믿음은 하나님
언약, 말씀에 근거한다(창 12:2). 처음 그가 부르심을 받을
당시 그에게는 자식 하나 없었다. 그런 그가 많은 민족과
열방의 아비가 된다고 하니 이 얼마나 황당한 말씀인가?
그러나 그는 믿고, 말씀을 따라갔다(창 12:4).

이제는 백 세에 겨우 얻은 독자 이삭을 번제로 바치라
하신다. 어떻게 사랑하는 아들 이삭을 바칠 수 있단 말인
가? 말도 안 된다. 그러나 이번에도 아브라함은 말씀 따라
이삭을 번제로 드렸다(창 22:12). 그는 어떻게 말씀을 따를
수 있었을까? "하나님은 죽은 자를 살리시며 없는 것을 있
는 것으로 부르시는 이"라는 사실을 믿었기 때문이다. 즉
창조 신앙과 부활 신앙이 있었다.

창조와 부활은 기독교 신앙의 두 기둥이다. 창조가 신
앙의 근저(根柢)라고 한다면, 부활은 신앙의 능력이다. 창

조 신앙에서 우리는 인생의 중요한 두 가지 물음, 곧 나는 누구인가(정체성)와 나는 어떻게 살아야 하는가(사명감)에 대한 해답을 얻는다(시 8:4~5). 그리고 부활 신앙에서 정체성과 사명감으로 살아갈 수 있는 능력을 얻는다. 곧 죄, 유혹, 불의, 고난, 위협, 핍박, 죽음, 세상을 능히 이기는 것이다(고전 15:57).

만일 우리가 정체성과 사명감이 분명하지 않다면 창조 신앙이 없는 것이다. 또한 세상을 이길 능력이 없다면 예수 십자가와 부활 신앙이 없는 것이다.

창조 신앙과 부활 신앙이 분명한지 살펴보고, 능력 있는 사명자로 살기를 결단하자.

04 비전의 여섯 가지 원리

아브라함이 바랄 수 없는 중에 바라고 믿었으니 이는 네 후손이
이같으리라 하신 말씀대로 많은 민족의 조상이 되게 하려 하심이
라(4:18)

비전은 꿈이다. 하나님께서 내 가슴에 부어 주신 꿈이
다. 말씀으로 약속하신 하나님 나라의 꿈이다. 이성과 자
연법칙으로 헤아릴 수 없는, 바랄 수 없는 중에 바라는 믿
음의 환상이다. 그렇다면 사람이 품는 꿈과 하나님의 비
전은 어떻게 구별할 수 있는가? 비전은 언제나 여섯 가지
가 함께 간다.

① 말씀과 함께 간다. 비전은 하나님의 말씀이 이루어
지는 것이기에 말씀 없는 꿈은 허황된 꿈이요 야망일 뿐
이다(행 2:17).

② 믿음의 말과 함께 간다. 무엇이든 내 안에 있는 것
이 말로 표현되는 것이기에 비전은 언제나 믿음의 말과
글로 표현된다(히 11:1).

③ 충실함과 함께 간다. 비전은 갑자기 이루어지지 않
는다. 비전을 소망하며 오늘 해야 할 일을 즐기며 충실히

행할 때 주께서 이루신다(마 25:21).

④ 하나님의 의와 함께 간다. 비전은 하나님의 뜻이 이루어지는 것이므로 그 과정에서 반드시 그리스도의 성품이 나타나야 한다(마 5:3~12).

⑤ 시련과 함께 간다. 하나님은 시련을 통하여 우리를 비전에 합당한 온전한 사람으로 다듬어 가신다(욥 23:10, 롬 5:3).

⑥ 기도와 함께 간다. 비전은 내가 이룰 수 있는 일이 아니다. 주께서 이루신다. 아무리 선하고 위대한 일을 이루었다 해도 주님께 묻는 기도 없이 행한 것이라면, 그것은 사람의 일이요 사탄의 일일 뿐이다(마 16:23). 사람은 비전만큼 살고 기도만큼 이룬다.

여섯 가지 원리로 내 비전을 점검하고, 아브라함과 같은 비전의 사람이 되도록 기도하자.

새로운 삶의 시작

> 그가 백 세나 되어 자기 몸이 죽은 것 같고 사라의 태가 죽은 것
> 같음을 알고도 믿음이 약하여지지 아니하고(4:19)

독일의 목회자이자 신학자였던 디트리히 본회퍼는 나치 저항 운동에 참여하다 붙잡히게 되었다. 죽음을 앞둔 그는 옥중에서 대림절을 보내며 약혼녀에게 편지를 쓴다. "그 선한 힘에 고요히 감싸여. 그 놀라운 평화를 누리며 나 그대들과 함께 걸어가네. 나 그대들과 한 해를 여네. (중략) 주 언제나 우리와 함께 계셔 하루 또 하루가 늘 새로워." 안타깝게도 이듬해 봄 그는 사형을 당했다(1945년 4월 9일). 그 최후의 모습을 본 한 사람은 이렇게 전한다.

"그는 짤막한 예배를 인도했다. (중략) 그가 기도를 마치자 문이 열렸고, 사복을 입은 두 사람이 들어와서 말했다. '죄수 본회퍼, 우리와 함께 갈 준비하라.' 이 말은 교수형을 의미했다. 우리가 그에게 마지막 인사를 했다. 그때 그는 나를 끌어당기며 말했다. '이것이 마지막입니다. 그러나 나에게 있어서는 삶의 시작입니다.'"

부활 신앙은 삶에 놀라운 역동성을 가져다준다. 하나,
모든 두려움을 이긴다. 죽음이라는 가장 큰 두려움에서
자유하니 더는 무서운 것이 없다. 하나님을 두려워하는
자는 세상 모든 두려움을 이기는 자이다(눅 12:5).

둘, 인생을 너끈히 산다. 죽음을 이긴 십자가와 부활의
능력으로 죄, 유혹, 불안, 근심, 병고, 저주로 가득한 인생
도 넉넉하게 살아 낸다(롬 8:35, 37).

셋, 주의 일에 더욱 충성한다. 죽으면 곧바로 하나님
앞에 설 것이기에 어떤 상황에든 견실한 믿음을 유지하고,
오늘 충성된 삶을 살게 된다. 오늘이 내 인생 성적표이기
때문이다(마 15:21, 23). 이것이 부활 신앙의 능력이다.

부활 신앙의 역동성을 묵상하고, 나도 부활 신앙의
능력을 발휘하며 살기를 기도하자.

숨질 때까지 그 믿음으로

믿음이 없어 하나님의 약속을 의심하지 않고 믿음으로 견고하여
져서 하나님께 영광을 돌리며(4:20)

1912년 4월 14일 밤 11시 40분. 영국의 사우샘프턴에
서 뉴욕으로 향하던 타이태닉호가 뉴펀들랜드 해역에서
거대한 빙산과 충돌했다. 화려함을 자랑하던 호화 유람선
은 두 조각으로 갈라졌고, 선실은 아수라장이 되었다.

그 상황에 레스토랑의 오케스트라 단원들이 보인 모
습은 많은 이에게 큰 감동을 전해 준다. 물이 무릎 너머로
차오르고 사람들이 죽음의 공포에 떨고 있던 그 자리에서
갑자기 한 단원이 찬송가를 연주하기 시작했다. 그러자
다른 단원들도 배가 바닷물에 완전히 잠길 때까지 죽어
가면서도 끝까지 함께 연주했다.

"내 주를 가까이 하게 함은 십자가 짐 같은 고생이나. 내
일생 소원은 늘 찬송하면서 주께 더 나가기 원합니다."
찬송 338장

죽음 앞에서도 흔들리지 않는 이런 견고한 믿음을 어떻게 유지할 수 있을까? 먼저 하나님의 약속, 말씀을 붙잡아라(창 12:4). 믿음은 언제나 말씀에서 비롯된다. 말씀을 믿고 읽고 묵상할 때 견고한 믿음으로 자라간다(롬 10:17).

또한 일상에서 순종의 삶을 살라(창 22:3~10). 행함이 믿음보다 앞서지 못하지만, 또 자랑이 될 수도 없지만 믿음은 반드시 행함을 수반한다. 순종 없는 믿음은 믿음이 아니다(약 2:17).

그리고 예배 공동체 교회에 속하라(창 12:7, 13:18). 교회에서 함께 예배하고, 봉사하고, 전도하고, 선교하며 성도의 교제를 나눌 때 굳센 믿음이 된다(살전 5:14).

"천성에 가는 길 험하여도 생명 길 되나니 은혜로다. 천사 날 부르니 늘 찬송하면서 주께 더 나가기 원합니다."

말씀과 순종과 교회를 통해 나의 믿음이 날마다 견고해 질 수 있도록 기도하자.

우리의 믿음

약속하신 그것을 또한 능히 이루실 줄을 확신하였으니 그러므로
그것이 그에게 의로 여겨졌느니라(4:21~22)

기독교는 종교가 아니다. 종교는 계율과 구도, 율법을
통해 신과 구원을 찾아간다. 기독교는 그렇지 않다. 우리
는 살아 계신 하나님을 믿는다. 막연히 또는 신념이나 이
념으로 믿는 것이 아니다. 계시 된 말씀, 살아 계신 하나
님께서 성경에 약속하신 것을 믿고 그것이 그대로 이루어
질 줄 믿는다.

우리는 예수를 그리스도로 믿는다. 그리스도 안에 죄
사함, 의롭다 함, 자녀 됨, 거룩함(성결), 천국, 영생이 있음
을 믿는다. 그리스도의 영 성령의 임하심을 믿는다. 나는
십자가에 죽고 내 안에 그리스도가 거하심을 믿는다. 항
상 영원토록 우리와 함께하시는 성령을 믿는다.

우리는 교회가 그리스도의 몸임을 믿는다. 교회는 그
리스도의 현존, 그리스도의 뜻, 그리스도의 충만을 누리
는 공동체임을 믿는다. 그리스도께서 다시 심판 주로 세

상에 오실 것을 믿는다. 그날에 새 하늘 새 땅 하나님 나라가 이루어질 것을 믿는다. 천국에서 영원히 살 것을 믿는다.

이 믿음의 중심에 예수 십자가가 있다. 이 십자가로 우리의 구원이 단번에 다 이루어졌음을 믿는다. 십자가 속량을 믿음으로 우리는 의롭다 함을 얻고 구원을 누리는 것이다.

"기독교의 본질은 종교와 관계가 있는 것이 아니라 그리스도라는 인물과 관계가 있다. 종교는 죽은 것, 인간이 만든 것에 불과하다. 기독교의 핵심에는 전혀 다른 것, 바로 하나님 자신이 생생히 자리하고 있다. 기독교는 그분을 대면하는 것이다." **디트리히 본회퍼**

기독교 믿음에 대한 이해와 확신이 있는지 확인하고, 크리스천임을 기뻐하고 감사하자.

믿음에서 믿음으로

그에게 의로 여겨졌다 기록된 것은 아브라함만 위한 것이 아니요
(4:23)

내가 아는 한 선교사의 이야기이다. 그는 대형 교회를 목회하다가 훌쩍 아프리카 선교사로 떠났다. 간지 얼마 안 되어 말라리아에 걸려 죽음의 문턱에 다녀왔다. 죽음의 암흑에서 잠시 깨어난 사이, 그는 100여 년 전 말 타고 온 한 선교사가 떠올랐다고 한다. 그를 통해 함양 남원에 살던 그의 증조할머니가 예수님을 믿게 된다. 그리고 대를 이어 그의 할아버지, 아버지, 그가 예수를 믿게 된 것이다. 오랜 세월이 흘러 그가 선교사가 되어 아프리카에 왔다. 죽음의 문턱에서 이름 모를 그 선교사가 생각나고 사무치게 그리워 편지를 썼다.

"선교사님, 나는 당신을 모릅니다. 그러나 나는 당신을 그리워합니다. (중략) 당신이 전도한 그 할머니 한 사람이 우리 가문의 루디아가 되고 그 뿌리에서 수많은 목회

자, 장로, 신자, 교회, 학교, 순교자가 생겼으니 그 은혜를 무엇으로 갚겠습니까? 제가 낯선 땅 아프리카 선교사로 와 보니, 100여 년 전 당신이 누구였는지 더 궁금하고 그립습니다. (중략) 나도 당신처럼 이름 없이 빛도 없이 아프리카에서 선교하다가 당신처럼 자랑스럽게 죽으리라는 것입니다. 예수님처럼 죽고자 하는 자는 살고, 살고자 하는 자는 죽기 때문입니다."

예수 십자가, 그 의를 믿는 믿음은 아브라함만을 위한 것이 아니다. 예수 십자가를 믿는 모든 이를 통해 오늘도 믿음에서 믿음으로 이어진다(롬 1:16~17). 이것이 기독교 믿음의 역사다.

내게 복음을 전해 준 이를 위해 기도하고, 나도 복음을 전하는 사람이 되어 보자.

나도 뮬러처럼

> 의로 여기심을 받을 우리도 위함이니 곧 예수 우리 주를 죽은 자 가운데서 살리신 이를 믿는 자니라(4:24)

'고아들의 아버지'라고 불리는 영국의 목회자 죠지 뮬러는 많은 이들이 본받고 싶어 하는 믿음의 사람이다. 그는 5만 번 이상 기도 응답을 받은 사람으로도 유명하다. 흔히 그를 특별한 믿음의 사람으로 여기지만, 사실 십자가 속량을 믿고 예수 부활을 믿는 자들이라면 누구나 임마누엘 구원의 은혜를 경험하며 매일 기도 응답을 받는다(요 14:12~14).

어떤 이는 '5만 번'이라는 숫자에 놀랄지도 모른다. 하지만 그가 회심한 이후 73년을 살며 사역했으니, 대략 하루에 두 번 정도 기도 응답을 받은 것이다. 진실로 하나님을 사랑하며 하루하루 동행하는 크리스천이라면 그리 놀랄 일이 아니다. 일상의 사소한 것, 작은 일 하나조차 하나님과 함께하는 크리스천이라면 누구나 위대한 믿음의 사람인 것이다.

"하나님의 모든 자녀가 어떤 상황에서도 하나님을 계속 해서, 그리고 보다 단순하게 신뢰해서 필요한 모든 것을 얻을 수 있으면 좋겠다. 내가 경험한 여러 가지 기도 응답에 자극받아서 기도할 수 있는 믿음을 얻게 될 것이라고 확신한다. 사탄의 계략에 휩쓸려서 이런 일들이 내게만 가능하고, 하나님의 자녀가 누릴 수 없다고 생각해서는 안 된다고 사랑하는 마음으로 경고해 둔다." **죠지 뮬러**

오늘도 하나님과 동행하며 기도하고 응답하심을 헤아리며 감사하자.

유일한 가장 큰 메시지

예수는 우리가 범죄한 것 때문에 내줌이 되고 또한 우리를 의롭
다 하시기 위하여 살아나셨느니라(4:25)

"기독교만의 유일한 가장 큰 메시지는 무엇인가? 그것
은 십자가다. 예수님이 십자가에 죽어 우리를 구원하
셨다는 것이다. 다른 것은 유대교에 다 있다. 창조, 구
원, 언약, 계약, 하나님 나라, 심판, 제자도 심지어 부활
까지. 다만 모든 종교, 특히 유대교에 없는 것이 하나 있
다. 십자가에 죽은 하나님 이야기, 세상에 하나밖에 없
는 메시지, 십자가! 예수님이 십자가에서 우리 죄인을
위해 죽으셨다. 이것이 구원의 시작이다." 이윤재

아브라함은 우리처럼 그리스도를 믿음으로 의롭다 함
을 받았다. 혹자는 아브라함이 더 옛날 사람인데 어떻게
그럴 수 있냐고 묻는다. ① 그는 예수님을 예표하는 멜기
세덱을 만났다(창 14:17~20, 히 7:1~3). ② 그는 이삭을 번제
로 드리기 전에 이미 부활 영생 신앙이 있었다(창 21:33).

③ 이삭을 번제로 드리는 사건과 어린양의 준비는 예수 십자가 사건을 예표한다(창 22:8, 13~14, 사 53:5~6). ④ 예수께서 직접 아브라함이 '나의 때를 보았다'고 증언하셨다(요 8:56).

사도 바울은 아브라함을 믿는 모든 자의 조상으로 칭한다(롬 4:11). 이어 예수의 십자가와 부활이 인류 구원 사건임을 천명한다. 이를 믿는 자는 의롭다 함을 얻는다. 결국 기독교의 핵심 진리는 예수 십자가와 그 십자가로 성취된 구원의 은혜이다. 구원의 모든 것은 십자가에서 시작되고, 십자가로 이루어진 것이다. 십자가 은혜를 모른다면 그는 아직 그리스도인이 아니거나, 그 믿음에 심각한 병이 든 것이다(갈 6:14). 십자가 없는 기독교는 한낱 종교일 뿐이다.

나의 믿음에 십자가가 선명한지 확인하고 십자가 믿음, 은혜, 감사, 헌신을 회복하자.

그 구원을 누리자

> 그러므로 우리가 믿음으로 의롭다 하심을 받았으니 우리 주 예수
> 그리스도로 말미암아 하나님과 화평을 누리자(5:1)

주일 예배를 마치고 인사를 나누는 중에 한 교우가 나에게 다가와 인사했다. "오늘 예배 엔조이(enjoy)했습니다." 순간 그 인사가 좀 언짢았다. 예배를 경건하게 드려야지 엔조이하다니, 합당하지 못한 언사라고 생각했다. 후에 다시 곱씹어 보니 잘못된 선입견이었다.

나는 줄곧 예배를 엄숙하고 경건하게 드려야 한다고 생각해 왔다. 그래서 예배와 신앙을 하나님 앞에서 즐기지(enjoy) 못했다. 사실 예배와 신앙은 누리고 즐기는 것이어야 한다. 마지못해, 억지로, 그냥이 아니라 기뻐하고 감사하고 즐거워야 한다. 즉 예수 잘 믿는 사람은 그리스도와 구원을 누리는(enjoy) 사람이다.

앞에서 살펴본 로마서 1~4장은 세 문장으로 요약할 수있다. ① 복음(예수)이 구원이다(롬 1:1~17). ② 모든 사람이 죄인이다(롬 1:18~3:20). ③ 오직 믿음으로 의롭다 함을 얻

는다(롬 3:21~4:25).

그러므로 5장에서는 이제 그 구원의 행복을 누리라고
한다. 구원받은 자는 믿음 안에서 관계의 화평을(1절), 자
녀 됨의 은혜를(2a절), 고난 중의 영광을(2b~3절) 누린다.
삶에 주어진 모든 것을 하나님 안에서 즐긴다.

"당신 입에서 나온 두 마디가/ 내 삶을 바꾸었어요./ '나
를 즐기렴'/ (중략) 기도의 밤 후에/ 그분이 노래하실 때/
그분은 내 삶을 바꾸셨어요./ '나를 즐기렴'" 아빌라의 테라사

예배와 신앙생활을 즐기고 있는지 돌아보고, 믿음
안에서 온전히 누리기를 기도하자.

화평의 행복

> 그러므로 우리가 믿음으로 의롭다 하심을 받았으니 우리 주 예수
> 그리스도로 말미암아 하나님과 화평을 누리자(5:1)

"화평은 싸움이 없는 것이 아니고 그것은 영혼의 힘으로
부터 생기는 미덕이다." **바뤼흐 스피노자**

화평(샬롬)은 믿음으로 의롭다 함을 얻은 자가 누리는
첫 번째 축복이다. 화평은 바른 관계에서 온다. 관계가 잘
못되면 아무리 좋은 환경이어도 결코 화평을 누릴 수가
없다. 하나님과의 관계에서 의롭다 함을 받고, 이웃과의
관계에서 화목하고, 환경과의 관계에서 자족할 때 화평을
누릴 수 있다. 그러나 무엇보다 하나님과의 관계가 우선
이다. 사실 우리 인생이 평안과 평화를 누리지 못하는 진
짜 이유도 하나님과 화평하지 못해서이다.

세상은 늘 요동하고 요란하다. 늘 파도가 밀려드는
바다와 같다. 이런 험난한 현실 속에서 평안하려면 먼
저 하나님과의 화평을 누려야 한다. 화평을 누린다는 것

은 십자가 속량을 근거로 세 가지 믿음을 품는 것이다. 하나, 나는 하나님 자녀라는 하는 양자(養子)의 믿음이다(롬 8:15). 둘, 하나님이 나를 사랑하신다는 자애(慈愛)의 믿음이다(롬8:32). 셋, 이 모든 일이 주 뜻 안에서 이뤄진다는 섭리(攝理)의 믿음이다(롬 8:28).

이 믿음이 있다면 세상이 어떠하든 우리는 평안 가운데 즐거워할 수 있다(시 4:8). 세월이 지날수록 하나님과 화평의 깊이가 점점 더 깊어지고 믿음의 분량도 점점 더 넓어져서 환경과 상관없이 화평의 행복을 누리기를 기도해야겠다(요 14:27).

왜 화평의 행복을 못 누리는지 생각하고 양자, 자애, 섭리의 믿음 갖기를 기도하자.

자녀의 은혜

또한 그로 말미암아 우리가 믿음으로 서 있는 이 은혜에 들어감
을 얻었으며 하나님의 영광을 바라고 즐거워하느니라(5:2)

"하나님, 주변에 아무도 보이지 않을 때 제 친구가 되시
니 감사드립니다. 제 목소리를 통하여 사람들에게 말씀
하시고, 또 하나님을 가까이하고자 하는 저의 새로운 삶
을 매우 기뻐하신다고 제게 말씀하시니 감사드립니다.
많은 것들이 하나님을 슬프게 했습니다. 저 자신의 과거
도 하나님을 무척이나 슬프게 했을 것입니다. 그러나 이
제는 하나님께서 제 삶을 기뻐하시니 그로 인해 제 기쁨
도 더 커집니다. (중략) 피곤할 때 하나님의 품으로 돌아
가 그저 믿고 의지하는 마음으로 편히 쉴 수 있게 해 주
시니 감사드립니다. 지금부터 1시간 동안, 단 1초라도
하나님을 제 생각에서 잊지 않기를 원하오니, 저를 도우
소서." **프랑크 라우바흐**

하나님과 화평한 자는 언제든 당당하게 하나님 보좌

(왕궁)에 들어가는 은혜를 얻는다. 어떤 상황이든 때를 따라 도우시는 하나님의 은총을 받는다(히 4:16). 주님과 친밀한 사귐을 갖는다. 영혼과 육신의 쉼과 만족을 누린다(시 23:5, 계 3:20). 동시에 그날에 있을 하나님의 나라와 영광을 소망하며 즐거워한다.

이는 하나님 자녀가 누리는 쉬지 않는 기도의 신비다. 그는 매 순간 하나님의 역사하심과 그 영광을 보고 놀라 감탄과 찬양을 드린다. "하늘의 영광, 하늘의 영광, 나의 맘속에 차고도 넘쳐!"(찬송 445장)

하나님 자녀로서 날마다 쉬지 않는 기도의 행복을 누리기를 기도하자.

고난의 영광

> 다만 이뿐 아니라 우리가 환난 중에도 즐거워하나니 이는 환난
> 은 인내를, 인내는 연단을, 연단은 소망을 이루는 줄 앎이로다
> (5:3~4)

하나님과 화평한 자는 어떤 시련과 환난이 있더라도 즐거워할 수 있다. 쉬지 않는 기도로 날마다 주님과 동행하기 때문이고, 그 환난의 끝을 알기 때문이다. 환난을 단순히 불행이나 저주로 보지 않고, 사랑의 하나님 시선 아래서 바라본다. 그리하여 환난이 인내의 사람으로(약 1:4), 인내가 믿음의 사람으로 연단하고(욥 23:10), 마침내 연단은 주의 나라와 영광만을 소망하는 그리스도의 사람으로 온전하게 하는 것이다(행 7:55).

한 후배 선교사가 있다. 그는 남다른 열정과 능력이 있는 신실한 이슬람권 선교사다. 30년 넘게 중동에서 한결같은 믿음으로 충실히 선교하여 풍성한 결실을 거두었다. 그런 그가 암에 걸렸다. 전립선암 4기로 투병 중이다. 그를 위로차 만났다. 그런데 놀랍게도 그의 표정에 여유와 평안함이 넘쳤다. 건강이 많이 회복되어 다시 사우디로

들어간다며 그는 이렇게 말했다.

"어차피 한 번 살다가 죽는 인생인데, 복음을 위해 주님께 쓰임받는 것이 최고의 영광이지요. 저는 행복합니다. 암에 걸려 보니 천국을 더욱 소망하게 되고, 복음에 대한 열정이 더 뜨겁게 일어납니다. 마지막 사역지가 될 수도 있는 그 땅에서 주신 기회 감사하며, 더욱 주님께 순종하며 주님께서 열어 주시는 길을 따라가겠습니다."

아, 누가 그를 말릴 수 있을까. 그는 이 어려운 시대에 고난의 영광을 누리는 하나님과 화평한 자이다.

고난에 닥쳤을 때 나는 어떻게 하는지 돌아보고, 하나님과 화평으로 승리하길 기도하자.

04

15

쏟아 부어진 사랑

소망이 우리를 부끄럽게 하지 아니함은 우리에게 주신 성령으로
말미암아 하나님의 사랑이 우리 마음에 부은 바 됨이니(5:5)

소망은 상황과 상관이 없다. 소망은 환난 중에도 나온
다. 오히려 환난 중에 낙심하지 않고 더 큰 소망, 더 온전
한 소망으로 나아가게 한다. 환난 속에서만 진짜 믿어야
하고, 소망해야 할 것이 무엇인지 알 수 있다. 환난 속에
서만 그날에 나타날 천국을 더 선명하게 그릴 수 있다.

역설적이게도 환난 중에 우리는 더 놀라운 영광을 보
고, 더 큰 축복을 누리게 된다. 그리하여 소망은 우리가
이 땅에 사는 동안 더욱 온전한 그리스도인(엡 4:13)이 되
게 하고, 그날에 나타날 하나님의 영광에 참여하는 영화
로운 몸이 되게 한다(롬 8:21, 고전 15:51).

이 소망은 헛된 꿈이나 야망이 아니다. 소망이 확실한
까닭은 성령께서 우리 마음에 하나님의 사랑을 부어 주
셨기 때문이다. 갈보리 언덕 십자가에서 시작된 하나님
의 사랑은 성령을 통하여 모든 믿는 자에게 부어졌다(요

7:38). 우리를 가득 채운 그 사랑이 때로는 몰아치는 폭풍우처럼, 때로는 불타오르는 횃불처럼 끊임없이 우리를 소망으로 밀고 가는 것이다.

> "사랑은 깨어 있어서, 잠을 자도 자는 것이 아니고, 피곤해도 피곤에 눌려서 나가떨어지지 않고, 에워싸여도 싸이지 않으며, 놀라도 흐트러지지 않고, 도리어 활활 타오르는 불꽃과 횃불처럼, 모든 것을 거침없이 뚫고 위로 높이 솟아오른다. 사랑하는 사람은 사랑이 무엇이라고 소리치는지 안다." **토마스 아 켐피스**

성령께서 부으신 사랑이 내 안에 있는지 확인하고,
십자가 사랑이 가득하길 기도하자.

사랑을 찾는 그대에게

우리가 아직 연약할 때에 기약대로 그리스도께서 경건하지 않은
자를 위하여 죽으셨도다(5:6)

세상에는 많은 문제가 있다. 그 문제로 서로 싸우고 분
쟁하고 파멸로 치닫는다. 모든 문제의 근원에 사랑이 있
다. 사랑의 확신이 없기 때문이다. 사랑의 무지, 사랑의
부재, 사랑의 결핍, 사랑의 불신, 사랑의 오해에서 문제가
비롯되고 서로 고통받는다. 인간은 누구나 사랑을 갈망
하고 사랑을 찾아 헤맨다. 어떤 문제든, 무슨 고통이든 사
랑받고 있다는 확신만 들면, 사랑으로 충만해진다면 능히
해결할 수 있고 이길 수 있다.

하나님이 우리를 사랑하신다. 우리를 얼마나 사랑하
시는지 바울은 이렇게 설명한다. "우리가 아직 연약할 때
(6절), 우리가 아직 죄인이 되었을 때(8절), 우리가 원수 되
었을 때(10절) 그리스도께서 우리를 위하여 십자가에 죽
으셨다." 우리가 잘났거나 사랑스럽거나 경건하기 때문이
아니었다. 오히려 우리는 무지하고 악하여 어둠과 죄 가

운데 사는 죄인으로, 하나님과 원수 된 자였다. 이런 저주 받은 자들을 구원하기 위해 하나님은 자신을 희생하셨다.

　이 하나님의 사랑이 십자가로 밝히 드러났다. 십자가 위는 하나님 사랑의 높이를, 십자가 밑은 하나님 사랑의 깊이를, 십자가 왼편은 하나님 사랑의 넓이를, 십자가 오른편은 하나님 사랑의 길이를 나타내고 있다(엡 3:17~19). 십자가는 하나님의 사랑이 온 세상에 흘러내리는 신비한 통로다.

　"사랑의 정의를 찾고자 할 때, 우리는 사전을 찾는 것이 아니라 갈보리를 바라보아야 한다." 존 **스토트**

　십자가를 묵상하며 하나님의 사랑을 더 높이 더 깊이 더 넓게 더 크게 느껴 보자.

진노의 잔

의인을 위하여 죽는 자가 쉽지 않고 선인을 위하여 용감히 죽는
자가 혹 있거니와(5:7)

간혹 자신이 믿는 신념을 위해, 세상에 의를 세우기 위해, 위험에 처한 사람을 살리기 위해 몸을 던져 용감히 죽는 사람이 있다. 소크라테스의 모습이 그랬다. 그는 받아든 독배를 안색 하나 변하지 않고 담대히 마셨다고 한다. 또 곁에서 친구들이 눈물을 흘리자 그는 그들을 나무란 후, 평온을 유지하고 용감하라며 오히려 그들을 격려했다고 한다.

그런데 예수는 그렇지 않았다. 죽음을 앞둔 예수의 모습은 어느 영웅이나 순교자와 비교할 때 너무나 초라해 보인다. 태연하지도 용감하지도 않았다. 죽음을 맞기 직전 그는 "내 마음이 매우 고민하여 죽게 되었으니"(마 26:38)라고 말했다. 예수는 왜 다가오는 십자가를 그토록 두려워했을까?

예수의 죽음은 단지 진리를 수호하고, 의인을 살리기

위한 죽음이 아니다. 그것은 인류 속량을 위해 받아 든 하나님 진노의 잔이었다(욥 21:20, 계 14:10). 단순한 육체의 고통이 아니었다. 온 세상의 죄를 짊어지고, 그 죗값으로 하나님 아버지께 완전히 버림받아 지옥에 떨어지는 상태, 곧 영적인 고통이 포함되어 있었다.

예수에게 십자가는 하나님의 저주요, 유기당함이요, 지옥에 떨어짐이요, 아버지와의 완전한 단절이었다(마 27:46). 이런 진노의 잔을 마심으로 말미암아 연약한 자, 죄인 된 자, 원수 된 자인 우리가 구원받은 것이다. 이것이 십자가에 나타난 하나님의 사랑이다.

"예수님은 이 세상에 구원받을 사람이 나 하나밖에 없었더라도 나를 위해 십자가를 지러 오셨을 것이다." **성 어거스틴**

진노의 잔을 드신 예수님을 묵상하고, 나는 어떻게 살아야 할지 생각하고 기도하자.

꽃 나눈 삶이기를

우리가 아직 죄인 되었을 때에 그리스도께서 우리를 위하여 죽으심으로 하나님께서 우리에 대한 자기의 사랑을 확증하셨느니라 (5:8)

"나무에게 말했네/ 신을 보여 달라고/ 그러자 나무는 말 없이 웃으며/ 꽃을 활짝 피워 냈다네" **라빈드라나드 타고르**

하나님의 사랑은 높다. 자기 아들 독생자를 아끼지 않고 우리 모든 사람을 위해 내주실 만큼 높다. 하나님의 사랑은 깊다. 아무리 크고 악한 죄라도 다 사죄하실 만큼 깊다. 하나님의 사랑은 넓다. 온 세상 모든 사람의 죄를 다 담당하실 만큼 하늘보다 바다보다 더 넓다. 하나님의 사랑은 길다. 그 사랑은 중단하거나 포기하지 않고 우리가 태중에 있기 전부터 세상 끝날까지 영원하다. 이 십자가 사랑을 받은 나, 이제 어떻게 살아야 할까?

"사람들이 말했네/ 신이 있다면 보여 달라고/ 그러나 나는 많은 말을 할 뿐/ 꽃 하나 피우지 못했네/ 많은 말보

다 꽃 피운 사람이기를/ 많은 일보다 꽃 가꾼 삶이기를/
많은 돈보다 꽃 나눈 삶이기를/ 그래 그렇게 꽃 내음을
날리며 살래/ 꽃 한 송이 피우며 살래" **박총**

십자가 사랑을 받은 자로서, 오늘 하루 그 사랑을
어떻게 피우고 가꾸고 나눌 것인지 생각하자.

보배로운 피

그러면 이제 우리가 그의 피로 말미암아 의롭다 하심을 받았으니
더욱 그로 말미암아 진노하심에서 구원을 받을 것이니(5:9)

독일 비텐베르크의 루터 박물관에는 루카스 크라나흐
가 그린 루터의 전신 초상화가 있다. 그림 속 루터는 십자
가 밑에 서 있다. 예수의 손과 발, 옆구리에서 흐른 피가
그의 온몸을 적시고 흘러내려 세상으로 번져 간다. 그의
신앙과 신학이 예수의 피에서 시작되고 전개됨을 한눈에
보여 준다. 그래서 루터의 신학을 '십자가 신학'이라고 한
다. 십자가 피의 능력으로 루터가 교회 개혁자로 나설 수
있었고, 끝까지 승리했음을 나타낸다.

예수의 피는 보배로운 피이다(벧전 1:19). 왜 그런가?
① 속량의 능력이 있어 보배롭다. 그 피로 우리는 죄의 속
박에서 자유를 얻는다(롬 3:24). ② 화평의 능력이 있어 보
배롭다. 그 피로 우리는 하나님과 하나가 된다(롬 5:1). ③
청결의 능력이 있어 보배롭다. 그 피로 우리의 모든 죄가
깨끗하게 된다(요일 1:7).

④ 보호의 능력이 있어 보배롭다. 그 피로 우리는 악한 세력으로부터 안전하다(롬 8:35). ⑤ 거룩의 능력이 있어 보배롭다. 그 피로 우리는 거룩하게 산다(히 13:12). ⑥ 승리의 능력이 있어 보배롭다. 그 피로 우리는 세상을 이기며 산다(계 12:11). ⑦ 영생의 능력이 있어 보배롭다. 그 피로 우리는 죽음 이후 그날에 천국에 입성한다(계 21:27).

"그리스도의 피는 사죄와 더불어 우리의 부족과 필요를 충족하는 샘물이다. 그 피는 우리 영혼을 계속하여 깨끗하게 하며 우리의 믿음을 더욱 강하게 한다." **찰스 스펄전**

예수 피의 보배로운 능력을 찬양하고, 오늘도 그 능력으로 살아가기로 다짐하자.

모든 것이 은혜

곧 우리가 원수 되었을 때에 그의 아들의 죽으심으로 말미암아
하나님과 화목하게 되었은즉 화목하게 된 자로서는 더욱 그의 살
아나심으로 말미암아 구원을 받을 것이니라(5:10)

우리는 왜 자주 속상하고 불행해할까? 근본적인 이유
는 인간 실존을 모르기 때문이다. 그러기에 교만해져서
자신을 계속하여 높인다. 스스로 정해 놓은 어떤 수준에
이르지 못하면 그것이 불만, 속상함, 불행이 된다.

누구든 십자가 앞에 서면 자기 실존을 알게 된다. 실존
을 바로 알면 살아 있음이 은혜이고, 쓰임받음이 과분하
며, 범사가 감사할 뿐이다.

바울은 우리의 실존을 세 단계로 설명해 나간다. "우
리가 아직 연약할 때"(6절)란 무기력한 상태를 말한다. 자
력으로는 전혀 구원의 힘이 없어 늘 방황과 실패, 어둠과
절망 가운데 사는 존재이다(사 9:2, 마 9:36). "우리가 아직
죄인 되었을 때"(8절)란 존재 자체가 죄로 가득함을 말한
다. 생각, 언어, 행동 전체가 전부 육체의 욕심을 따라 사
는 본질상 진노의 자녀이다(갈 5:17, 엡 2:3). "우리가 원수

되었을 때"(10절)란 창조 목적에서 벗어난 것을 말한다. 마음에 하나님 두기를 싫어하고 오히려 대적하는 것이다(롬 1:28). 이것이 인간 실존이다.

하나님께서는 이렇듯 내가 연약할 때, 죄인 되었을 때, 원수 되었을 때 나를 사랑하여 십자가와 부활로 구원하셨다. 예수 믿음으로 내 존재가 바뀌고(요 1:12), 능력이 바뀌고(빌 4:13), 목적이 바뀌어(롬 14:8) 이전과는 전혀 다른 복의 사람이 된 것이다. 그러니 무슨 할 말이 있겠는가? 그저 은혜, 은혜뿐이다.

"모든 것이 은혜, 은혜, 은혜 한없는 은혜. 내 삶에 당연한 건 하나도 없었던 것을 모든 것이 은혜, 은혜였소." **손 경민, 참고 고전 15:10**

오늘의 상황과 환경이 아니라, 내 실존을 생각하며 십자가 은혜를 찬양하고 감사하자.

주님으로 족합니다

> 그뿐 아니라 이제 우리로 화목하게 하신 우리 주 예수 그리스도로 말미암아 하나님 안에서 또한 즐거워하느니라(5:11)

예수를 잘 믿는다는 것은 무엇이든 잘 누리는 것이다. 하나님과 화평을 누리고(1절) 자녀의 은혜를 누리며(2절) 심지어 환난도 누린다(3~4절). 환난은 인내를, 인내는 연단을, 연단은 소망을 이루는 줄 알기 때문이다.

우리의 소망은 크게 두 가지다. 하나는 이 땅에서 '온전한 그리스도인'으로 성화(聖化)하는 것이고, 다른 하나는 그날에 '영광스러운 몸'으로 영화(榮化)하는 것이다. 이 소망은 결코 우리를 실망시키지 않는다. 하나님의 사랑이 우리를 소망으로 밀고 가기 때문이다.

이 사랑은 예수 십자가 속량으로, 성령께서 우리에게 부으신 사랑이다(5절). 우리가 아직 연약할 때(6절), 죄인 되었을 때(8절), 원수 되었을 때(10절) 그 십자가 사랑이 우리에게 부어졌다. 이를 믿음으로 우린 하나님과 화평을 누리고, 자녀의 은혜를 누리고, 고난의 영광을 누리고, 만족하며 하나님 안에서 즐거워하는 것이다(11절, 시 23:1, 5).

"당신의 선함을 따라/ 당신 자신을 저에게 주소서./ 저
에게는 당신만 있으면/ 충분합니다./ 당신이 아닌 다른
것을/ 당신만큼 값지다고 생각하고/ 구하는 것은 옳지
않습니다./ 만일 제가 당신 아닌 다른 어떤 것을 구한다
면/ 저는 늘 부족함을 느끼게 될 것입니다./ 오직 당신
안에 있을 때/ 저는 모든 것을 가지고 있는 것입니다." **노
르위치의 줄리안**

나는 주님으로 만족하는지 성찰하고, 다른 것이 아
닌 그리스도로 즐거워하자.

그 한 사람을 주소서

그러므로 한 사람으로 말미암아 죄가 세상에 들어오고 죄로 말미암아 사망이 들어왔나니 이와 같이 모든 사람이 죄를 지었으므로 사망이 모든 사람에게 이르렀느니라(5:12)

인류 역사에 죽음을 가져온 한 사람이 있다. 아담이다. 본문은 그리스도 이전의 인류 역사를 세 단계로 정리한다. ① 한 사람으로 인하여 세상에 죄가 들어왔다. ② 죄로 인하여 사망이 들어왔다. 죄에 대한 형벌이 사망이기 때문이다. ③ 모든 사람이 죄를 지었으므로 사망이 모든 사람에게 이르렀다. 이를 요약하면 '죄→사망→보편적 사망'이다. 즉 지금처럼 사망이 모든 사람에게 이르게 된 것은 한 사람의 죄 때문인 것이다.

한 사람이 중요하다. 내가 그리스도 없이 죄 가운데 살면 나로 인해 저주와 죽음의 기운이 가정과 이웃, 주변 사람들에게 스민다. 사회적 직위가 높을수록, 맡은 바 책임이 많을수록 더 깊이 스며든다. 그러나 그리스도 안에서 믿음으로 살 때 정반대의 일이 일어난다. 나로 인해 하나님의 의와 나라가 밝게 빛난다. 그 기운이 주변에 두루 비추인다. 이렇듯 한 사람이 중요하다. 한 사람의 복음의 발걸음이 세상을 살리고, 한 사람의 사랑의 손길이 세상을 따뜻하게 한다. 그러려면 먼저 한 사람이 그리스도 안에 거해야 한다. 그리스도 한 분만을 구해야 한다.

> "저로 하여금/ 당신의 뜻을/ 간절히 열망하게 하시고/
> 지혜롭게 찾게 하시고/ 온전하게 행하게 하소서./ 오직
> 당신의 영광을 위하여." **토마스 아퀴나스**

그리스도 안에서 그 한 사람이 되리라 소망하고, 그 한 사람으로 오늘을 살자.

04

23 가난한 마음

> 죄가 율법 있기 전에도 세상에 있었으나 율법이 없었을 때에는
> 죄를 죄로 여기지 아니하였느니라 그러나 아담으로부터 모세까
> 지 아담의 범죄와 같은 죄를 짓지 아니한 자들까지도 사망이 왕
> 노릇 하였나니 아담은 오실 자의 모형이라(5:13~14)

아담, 한 사람의 범죄로 인류 모두가 사망에 이르렀다.
이를 '원죄'라 한다. 아담부터 모세까지는 율법 이전 시대
이므로 그들이 죄를 지었어도 죄로 여겨지지 않았다. 그
럼에도 그들은 다 죽었다. 왜 그런가? 원죄 때문이다. 불
합리하지 않은가? 원죄 때문에 다 죽다니.

원죄는 죄의 원인이 되는 죄이다. 우리가 아담과 '같
은' 죄를 짓지는 않았어도 누구에게나 무서운 죄의 씨앗
이 숨어 있다. 곧 "불신앙적 교만"(칼뱅)이다. 정말 형편없
고 변변찮은 존재인데, 그 속에 교만이 도사리고 있다. 이
교만에서 추하고 악한 죄가 계속 생산된다. 이것이 인간
의 죄성이다. 죄가 죄를 낳아 "죄가 문에 엎드려"(창 4:7)
있다. 내가 원하지 않아도 계속 죄를 짓고, 죄가 넘쳐 죄
의 노예로 산다. 사망이 왕 노릇을 하는 것이다.

이 인간의 한계성에서 어떻게 해방될 수 있는가? 죄와 사망을 이기신 그리스도를 내 안에 모시는 것이다. 주님이 내 안에서 왕 노릇 하시도록 가난한 마음을 가져야 한다(마 5:3).

"오 주여, 우리의 마음도 당신처럼 되게 하소서. / 나보다 다른 사람들이 더 사랑받게 하소서. / 나보다 다른 사람들이 더 존경받게 하옵고/ 주여, 이런 욕망에서 벗어나도록 저에게 은총을 베푸소서. / 나는 젖히시고 다른 사람들이 선택받게 하시고/ 나는 눈에 띄지 않고 다른 사람들이 찬양받게 하시고/ 모든 일에서 나보다 다른 사람들을 택하여 주시고/ 내가 성스러워지려고 하는 것만큼/ 나보다 다른 사람을 더 성스럽게 하소서." **마더 테레사**

불신앙적 교만, 내 안의 죄성이 살아나지 않도록 가난한 마음을 품고 기도하자.

대표성의 원리

> 그러나 이 은사는 그 범죄와 같지 아니하니 곧 한 사람의 범죄를 인하여 많은 사람이 죽었은즉 더욱 하나님의 은혜와 또한 한 사람 예수 그리스도의 은혜로 말미암은 선물은 많은 사람에게 넘쳤느니라(5:15)

월드컵이나 올림픽이 열리면 온 국민이 대한민국 선수를 응원한다. 우리 선수들이 이기면 함께 환호하고, 지면 함께 탄식한다. 그 선수들이 나를 대표하기 때문이다. 누가 나를 대표하느냐에 따라 우리의 행불행, 나아가 인생의 성패가 결정된다. 그래서 우리는 자신을 대표하는 리더들을 위해서 기도해야 한다(딤전 2:1~2).

종종 이런 질문을 듣는다. "2천 년 전 예수가 어떻게 인류의 죄를 사할 수 있는가? 예수를 믿는다고 해서 어떻게 내가 구원을 받을 수 있는가?" 바울의 대답은 이렇다.

인류의 첫 사람이 세워졌다. 아담이다. 그가 죄를 지어 죄가 온 인류에 전가되었다. 원죄로 인해 모두 사망에 이르게 되었다. 이에 다시 한 사람이 대표로 세워졌다. 바로 예수다. 그의 십자가 속량을 믿는 자는 영생을 얻게 되었다. 이는 대칭 구조로 되어 있다(15, 17, 18, 19절).

　　아담의 범죄 : 모든 사람 죄인. 죄가 넘침. 사망.
　　　　　　　　죄가 왕 노릇.
　　예수의 순종 : 모든 사람 의인. 은혜 넘침. 영생.
　　　　　　　　은혜 왕 노릇.

　한 사람 아담으로 인하여 사망이 온 인류에게 미쳤듯
이, 한 사람 예수 그리스도로 인하여 구원이 우리에게 이
르렀다. 예수를 대표 삼은 모든 자에게 구원의 선물이 넘
치게 주어진 것이다. 이제, 그 구원을 받아 누리고 즐기자.

　"인류에게 주신 최대의 축복/ 시간의 절대치/ 카이로스
　의 시작/ 아, 구원의 환호성이여" **김소엽, 어느 날의 고백**

　우리를 대표하신 예수 그리스도의 은혜에 감사하
고, 그 구원의 선물을 받아 누리자.

믿음의 스위치를 올려라

또 이 선물은 범죄한 한 사람으로 말미암은 것과 같지 아니하니
심판은 한 사람으로 말미암아 정죄에 이르렀으나 은사는 많은 범
죄로 말미암아 의롭다 하심에 이름이니라(5:16)

지인들이 종종 나에게 "참 평온하고 좋아 보인다"라는
말을 건넨다. 이런 말을 들을 적마다 고맙고 행복해진다.
그러나 사실 나도 늘 평온하고 행복하지는 않다. 아침에
일어나면 괜히 우울하고 기력이 없을 때도 있다. 실수와
허물로 인해서 낙심하고 탄식할 때도 있다. 인간관계, 재
정 문제로 고민하고 걱정하기도 한다. 아내 자녀 형제 부
모로 인하여 근심하고 속상해한다.

그럴 때마다 나는 얼른 믿음의 스위치를 올린다. 예수
십자가 속량을 생각한다. 십자가의 그 사랑, 내가 아직 연
약할 때, 죄인 되었을 때, 원수 되었을 때 베푸신 그 사랑
을 헤아린다. 죄와 사망을 십자가로 이기신 그리스도를
나의 주로 고백한다. '키리에 엘레이손'을 반복해서 읊조
린다. 그러면 다시 내 안에 평안, 자유, 용기, 감사의 은혜
가 스며든다. 찬양으로 그 믿음을 북돋운다. 곧 기쁨과 담

대함으로 다시 길을 나설 수 있다(시 30:11, 121:1~2).

자꾸 근심하고 무서워하고 우울해하면 마귀는 우릴 얕잡아 보고, 더 건드리고 위협한다. 오래 부정적인 감정에 빠져 있지 말라. 얼른 십자가 예수를 향한 믿음의 스위치를 올려라. 잊지 말라. 지옥은 자동이고, 천국은 수동이다.

나는 우울하고 힘들 때 어떻게 믿음의 스위치를 올릴지 생각하고, 그대로 실천하자.

이제 왕같이 살리라

한 사람의 범죄로 말미암아 사망이 그 한 사람을 통하여 왕 노릇 하였은즉 더욱 은혜와 의의 선물을 넘치게 받는 자들은 한 분 예수 그리스도를 통하여 생명 안에서 왕 노릇 하리로다(5:17)

두 타입의 크리스천이 있다. 거지같이 사는 크리스천과, 왕같이 사는 크리스천이다. 똑같이 그리스도를 믿고 사는데 한 사람은 거지처럼 늘 어렵고, 힘들고, 불평하고, 원망하며 산다. 하나님께 마냥 달라고 애원한다. 항상 결핍을 느낀다. 반면 다른 한 사람은 왕처럼 여유롭고, 넉넉하고, 누리며 산다. 매사에 하나님께 감사한다. 늘 충만을 누린다.

나는 어떤 크리스천인가?

예수를 그리스도로 믿는 자에게는 필요한 모든 좋은 것이 은혜로 주어졌다. 은혜는 헬라어로 '카리스'인데, 15~17절까지 자그마치 5회나 반복해서 사용된다(15절 3회, 16절 1회, 17절 1회). 한 사람, 예수로 인하여 믿는 모든 자에게 은혜가 넘쳐 우리는 왕처럼 하늘에 속한 모든 신령한 복(엡 1:3)을 누리며 부족함 없이 사는 것이다.

"너희는 주님의 신실하심을 깨달아라. 주님을 피난처로 삼는 사람은 큰 복을 받는다. 주님을 믿는 성도들아, 그를 경외하여라. 그를 경외하는 사람에게는, 아무런 부족함이 없을 것이다. 젊은 사자들은 먹이를 잃고 굶주릴 수 있으나, 주님을 찾는 사람은 복이 있어 아무런 부족함이 없을 것이다." **시 34:8~10(새번역)**

하루하루 하나님의 은혜 안에서 왕처럼 누리며 살 수 있는 믿음을 구하자.

예수 생명으로 사는 자

> 그런즉 한 범죄로 많은 사람이 정죄에 이른 것 같이 한 의로운 행
> 위로 말미암아 많은 사람이 의롭다 하심을 받아 생명에 이르렀느
> 니라(5:18)

윈스턴 처칠은 제2차 세계대전 당시 사망한 영국 공군 조종사를 기리며 이런 말을 남겼다. "인류의 전쟁사에서 이렇게 많은 사람이 이처럼 소수의 사람에게 빚을 진 적은 없었다." 그런데 예수 그리스도로 인한 구원은 그와 비교가 안 될 정도로 많은 사람이 단 한 사람에게 빚을 진 경우이다. 말로 다 할 수 없고 헤아릴 수도 없는 빚이다.

우리는 한 사람 예수, 그분에게 어떤 빚을 졌는가? 그의 죽음으로 구원을 얻었으니 그분에게 우린 생명의 빚을 진 것이다. 그리스도로 인하여 죄인의 생명에서 의인의 생명으로(롬 5:19), 노예의 생명에서 자녀의 생명으로(요일 5:12), 흑암의 생명에서 빛의 생명으로(요 12:46), 결핍의 생명에서 충만의 생명으로(고후 6:10), 땅의 유한한 생명에서 하늘의 영원한 생명으로(요 5:25) 옮겨진 것이다. 이것이 온 인류가 한 사람 예수에게서 얻은 '거듭난 생명'이다(요

3:5). 즉 우리 안에 예수 생명이 있다. 이제는 예수 생명으로 사는 것이다.

오늘 우리의 문제는 실력이나 능력 때문이 아니다. 주님과의 관계 때문이다. 예수 생명이 내 안에 있고, 예수 생명과 늘 관계를 맺고, 예수 생명으로 사느냐에 달린 것이다. 예수 생명으로 사는 자가 누구인가? 그를 통해 주님은 생명이 살아나는 부흥을 일으키신다.

생명에 관한 성구들을 찾아 묵상하고, 나도 예수 생명으로 사는 자가 되기를 기도하자.

의인으로 사는 행복

> 한 사람이 순종하지 아니함으로 많은 사람이 죄인 된 것 같이 한
> 사람이 순종하심으로 많은 사람이 의인이 되리라(5:19)

한 사람 예수, 그의 십자가 순종으로 우리는 의인이 되는 은혜를 입었다. 이는 이신칭의의 은혜이다(롬 3:24). 이제 우리는 예수 생명으로 산다. 이 생명이 우리를 실제 의인으로 살게 한다. 이를 거룩한 변화, 성화(聖化)라고 한다. 이 성화는 다양한 모습으로 우리에게 임한다.

① 청결한 양심을 소유한다(마 5:8). ② 양심이 민감해져 죄로 인해 괴로워한다(롬 7:24). ③ 죄 가운데 빠져도 즉시 회개한다(시 51:1). ④ 죄를 피하고, 거룩한 교제를 나눈다(시 84:10). ⑤ 무엇을 하든지 의의 길로 행하기를 원한다(엡 5:8). ⑥ 먼저 주의 나라와 의를 구한다(마 6:33). ⑦ 그리스도를 더욱 갈망하며 주와 동행한다(시 73:28). ⑧ 그리스도와 구원의 행복을 누린다(롬 5:17).

이것이 의인의 삶이고, 성화의 과정이고, 오늘 우리가 살아 낼 모습이다.

"내 영혼아, 비록 네가 이 세상 모든 소유물을 소유하고 있다 해도, 하나님 안에 있지 않으면 행복할 수 없으며 축복을 받을 수도 없다. 참된 행복은 세상 사람들이 좋아하는 그런 행복이 아니고, 그리스도의 선한 신자들이 기다리는 행복이다. 하나님 나라의 시민인 영적인 마음과 순결한 사람만이 경험하는 행복이다. 주 예수님 언제 어디서나 저와 함께하소서. 이것이 저의 위로가 되고, 저의 만족이 되나이다." **토마스 아 켐피스**

의인으로 사는 행복이 나에게 있는지 성찰하고, 보다 더 거룩히 살기를 기도하자.

04

29 넘치는 은혜

율법이 들어온 것은 범죄를 더하게 하려 함이라 그러나 죄가 더한 곳에 은혜가 더욱 넘쳤나니(5:20)

하나님의 은혜는 넘치는 은혜이다. 넘치다(15, 17, 20절)라는 단어는 '홍수가 밀어닥치듯 넘친다'는 뜻이다. 놀라운 사실은 "죄가 더한 곳에 은혜가 더욱" 넘친다는 것이다. 무슨 의미인가? 아무리 죄가 깊고 많아도 상관없다는 것이다. 부끄러운 과거가 깊으면 깊을수록, 죄책감이 더하면 더할수록, 근심과 절망이 짙으면 짙을수록 더 큰 하나님의 은혜가 홍수처럼 밀려와서 그 죄를 완전히 삼켜 나를 더 큰 은혜로 인도한다는 것이다.

중국 교회의 리더 중 하나였던 워치만 니의 간증이다. 그가 20대에 중한 병을 얻어 죽게 되었다. 죽음을 앞에 두고 간절한 마음으로 기도하는 중에 환상을 보게 된다. 자신이 배를 타고 내려가는데, 난데없이 앞에 거대한 바위가 나타나 곧 배가 부딪쳐 산산조각이 나게 된 것이다. 자신도 모르게 "주여, 넘어가게 하소서!"라고 기도했다. 순간 홍수 같은 거대한 물이 밀려와 그 바위를 덮쳐서 배가 무사히 지날 수 있었다.

이렇듯 하나님의 은혜는 넘치는 은혜다. 못 사할 죄도 없고, 못 넘을 산도 없고, 못 건널 강도 없고, 못 지날 길도 없다. 십자가에서 흐르는 생수가 성령의 역사로 넘치는 은혜가 되어 단번에 나의 허물과 죄악을 다 삼킨 것이다. 이 넘치는 은혜를 날마다 누리는 자는 진정 행복한 사람이다(요 2:10, 6:13, 고후 9:8, 엡 3:20, 5:18, 빌 4:19).

성구를 찾아 묵상하고, 일상에서 주님의 넘치는 은혜 누리기를 기도하자.

은혜가 지배하는 삶

이는 죄가 사망 안에서 왕 노릇 한 것 같이 은혜도 또한 의로 말미암아 왕 노릇 하여 우리 주 예수 그리스도로 말미암아 영생에 이르게 하려 함이라(5:21)

예수 그리스도를 믿고 구원받은 사람은 언제나 왕처럼 누리며 산다(17절). 우리가 왕처럼 구원을 누리는 근거는 두 가지이다. 하나는 하나님 사랑의 확증이다. 우리가 연약할 때, 죄인 되었을 때, 원수 되었을 때 그리스도께서 우리를 위하여 죽으심으로 우릴 향한 하나님의 사랑이 얼마나 큰지 확증되었다.

다른 하나는 예수의 대표성이다. 한 사람 예수가 인류의 새 대표가 되어 십자가에 죽음으로 이를 믿는 자는 의인이 되고 영생에 이르고 은혜가 왕 노릇 하게 된 것이다(17~20절). 하나님 사랑의 확신이 구원을 누리는 내적인 능력이라면, 예수의 대표성은 죄와 저주를 몰아내는 외적인 능력이다.

이 하나님의 은혜가 홍수처럼 우리에게 밀려와 죄와 저주, 죽음을 몰아내고, 왕 노릇 한다. 은혜가 우리 삶을

감싸고 지배하는 것이다. 은혜가 왕 노릇 하면 내 안의 예
수 생명으로 인하여 세상을 능히 이기는 믿음의 승리자가
된다(요 16:33, 살전 5:16~18, 요일 5:4). 루이 14세 때 믿음을
지키다 이단으로 몰려 감옥에 갇힌 잔느 귀용, 엄청난 고
난 중에 은혜가 왕 노릇을 한 그녀의 노래를 들어 보라.

"육중한 벽, 나를 둘러싸고/ 종일 나를 가두네./ 그러나
내 위에 솟구친 저 벽,/ 하나님을 막을 수 없네./ 저 지하
감옥 벽, 내게 소중해./ 여기서 하나님이 나를 더욱 사랑
하시기에/ 저 나를 누르는 벽은 알지,/ 홀로 있음이 힘들
다는 것을./ 하지만 이것은 몰라,/ 쇠창살과 돌을 뚫고 와
그분이 나를/ 축복하신다는 것을/ 내 어두운 지하 감옥
을 밝게 하신 분이/ 내 가슴을 환희로/ 채우신다는 것을."

은혜가 왕 노릇 한다는 것이 어떤 의미인지 묵상하
고, 이를 누리기 위해 기도하자.